积极教育家长课堂丛书
主编 曾光 高闰青 宋萍

真懂孩子，积极养育（学前）

高闰青 张燕子 宋 萍 编著

清华大学出版社
北 京

本书封面贴有清华大学出版社防伪标签，无标签者不得销售。

版权所有，侵权必究。举报：010-62782989，beiqinquan@tup.tsinghua.edu.cn。

图书在版编目(CIP)数据

真懂孩子，积极养育：学前 / 高闰青，张燕子，宋萍编著 . —北京：清华大学出版社，2022.6

（积极教育家长课堂丛书）

ISBN 978-7-302-58245-8

Ⅰ.①真⋯ Ⅱ.①高⋯②张⋯③宋⋯ Ⅲ.①学前儿童—家庭教育 Ⅳ.① G781

中国版本图书馆 CIP 数据核字 (2021) 第 093778 号

责任编辑：张立红
封面设计：羽竹冰
版式设计：方加青
责任校对：赵伟玉
责任印制：杨 艳

出版发行：清华大学出版社
网　　址：http://www.tup.com.cn, http://www.wqbook.com
地　　址：北京清华大学学研大厦 A 座　　邮　编：100084
社 总 机：010-83470000　　邮　购：010-62786544
投稿与读者服务：010-62776969，c-service@tup.tsinghua.edu.cn
质 量 反 馈：010-62772015，zhiliang@tup.tsinghua.edu.cn

印 装 者：三河市国英印务有限公司
经　　销：全国新华书店
开　　本：148mm×210mm　　印　张：6.125　　字　数：132 千字
版　　次：2022 年 6 月第 1 版　　印　次：2022 年 6 月第 1 次印刷
定　　价：49.00 元

产品编号：083747-01

积极教育家长读本丛书

·编委会·

主　任： 彭凯平

副主任： 曾　光　宋　萍　高闰青　倪子君　陈　虹

成　员：

潘子彦	张燕子	刘利敏	王国防	黄　俊	温书臣	郝钧倩
傅雪松	向　苏	邓　赟	迟少丽	胡　翔	尹　雄	黎　明
吴江华	邱振良	张　岚	崔红霞	郑宏霞	郭　淳	何丽霞
梁　武	王海梅	圣晓林	刘立频	闫红霞	何开花	王　坤
伊春梅	郭金玲	武彦爽	王玉熙	陈新厚	杨春红	朱晓静
叶　红	王世燕					

学术支持单位：

焦作市家庭教育研究与指导中心

广东省幸福积极心理研究院

北京幸福公益基金会

· 推荐序 ·

积极教育成就孩子的幸福人生

作为一名心理学研究者以及两个孩子的父亲，从孩子出生起我就在想，除了呵护他们的健康成长之外，我能不能用自己的心理学专业知识来帮助孩子成长，让他们产生积极的心态和积极的行为。作为父母，我们都希望孩子能够得到良好的成长环境和最好的教育，这是父母的本能，也是为人父母的天性。

我给大家讲一个真实的故事。美国著名心理学家、积极心理学之父马丁·塞利格曼教授，于1998年以历史性的高票当选为美国心理学会主席。按照惯例，就任当天，他必须做主席就任的主题发言。两个星期里，他一直在书斋里苦思就任致辞。想着想着觉得很烦躁，他决定到花园里去收拾被忽视已久的玫瑰花。正在忙碌的时候，他5岁的小女儿妮可出来玩。在小孩子玩耍天性的驱使下，妮可把父亲刚刚收拾好的玫瑰花种撒在地上、空中，并在其中欢快地跳舞。这让塞利格曼教授大怒，他大声地呵斥妮可。妮可一言不发地悄悄走开了。过了一会儿，小姑娘又回来了，郑重其事地对爸爸说："爸爸，我们再好好谈一谈。"他很震惊，不禁诧异地看着自己女儿，说："有什么好谈的呀？"女儿说："爸爸，你知道吗？从三岁到五岁，我其实一直是一个爱哭的孩子。但是在我五岁生日那天，我自己下了一个决心，以后再也不哭了。所以，今天你骂我，我也没哭。但是呢，我觉得爸爸你也应该下个决心,改一改你爱发脾气的习惯。"这位世界闻名的心理学家,内心受到了巨大的震撼。他突然意识到,也许自己平日教育孩子的方法,在策略上是有问题的:不应通过批判、指责、呵斥去纠正孩子的缺点,而应看见、激发孩子内在的积极天性、美好品质和与生俱来的优势。当孩子内在的优势和美德被看见、发挥和强化时,凭着他们自己天生的积极力量,许多问题和缺点都自动得到消解和融化。

你看,哪怕是大名鼎鼎的积极心理学之父,在教育孩子的时候也会犯一些错误,所以年轻的父母们完全没有必要感到焦虑、紧张、失望和难受。我们在教育孩子的过程中想一想,有没有一些积极的心理方法、科学的养育方法、行之有效的策略,可以让我们挖掘孩子的积极品质和积极力量,让他们活得快乐、活得成功、活得幸福。

家长们都应当意识到一个很重要的问题:在孩子的成长过程中,对于他们的心理问题,父母该做些什么?也许是平等的沟通、积极的鼓励、及时的指正,帮助他们去挖掘他们自己内心的力量。所谓的深度陪伴,就是关心孩子的心理健康、心理成长、心理卫生,多培养孩子自身的一些优势和美德。我们从孩子表现出来的积极面中,给予正确的引导和及时的鼓励:提供启发,而不是训斥;给予帮助,而不是指责;跟孩子共同成长,而不是单方面提要求。这些就是我们积极心理学在教育层面所关注的主要内容。

除了帮助孩子之外,在养育孩子过程中,作为父母,我们其实也在挖掘自己内心的积极力量。怎么做呢?说起来容易做起来难。我们都能感受到,在每天养育孩子的过程中,我们会遇到很多的现实问题。我们都希望和孩子日常相处的时候和和美美、其乐融融。然而真实的画面是什么？孩子赖着不起床，你急得跳脚；孩子回家写作业时拖拖拉拉，你忍不住大喊大叫；你花光了一个月的工资，给孩子报上昂贵的兴趣班课程，孩子没上几节课就死活不愿意再去。养育孩子的过程，很多时候都不是和风细雨的，我们情绪的波动更是跌宕起伏的。如何及时调整我们情绪波动？如何用科学、正确的方法对待养育过程中的难题？这需要每个家长进行科学的学习和有针对性的练习。

我欣喜于这套丛书的出现。中国古人讲："有道无术，术尚可求也，有术无道，止于术。"这套丛书亦是如此。其亮点之一就在于，建立在科学心理学的理论基础之上，通过科学的实证研究，讲述养育过程中出现的心理原理。通过心理原理的深入学习和透彻理解，能够让我们创造出更好的、更适合自身家庭的方法。同时，书中也提供了许多行而有效的方法和策略，将"道"与"术"相结合，易于上手，系统全面。此外，每章节都有许多具体的、真实的案例分析和讲解，贴近家长的日常生活，浅显易懂，深入浅出。

衷心希望这套丛书能够服务于千万家长，解答大家养育过程中的困惑，也让大家从养育活动中，成为更好的自己。

彭凯平

清华大学社会科学院院长

清华大学学术委员会委员

清华大学心理系主任、教授、博导

·序言·

练好家庭教育的"内功"
——家庭教养中良好的心理特质与态度

俗语有云:"术业有专攻。"要成为一名科研工作者,须完成本科、硕士、博士等加起来将近10年的科学训练;律师要经过长达4年的法学院系统学习并通过司法考试,获律师证;医生要有行医执照;教师要经过数年的专业知识学习、教学技能训练和不少于半年的教育实习、获得教师资格证才能有资格参加相应的学科教师招聘。心理咨询师要经过数百小时以上的督导。哪怕在社会上应聘一家公司的普通职员,我们也要经过3个月的实习期,熟悉了相关业务,考核通过后才转为正式工。然而,成为父母呢?什么也不需要,只要孩子出生,我们就自动荣升为"爸爸""妈妈"。 事实上,养育孩子是一个"技术工种",所遇到的各种问题繁杂难解、因人而异,其专业化程度相比上述职业丝毫不弱,甚至犹有过之。按理推之,养育是否也应该接受多年的专业化训练,通过实习期、督导期,完成考核,并最终考取"养育资格证",才能"持证上岗"呢?然而现实是,年轻的父母未经训练,就"无证上岗"。

那我们教养孩子的技能从何处习得?其有一部分来自天性,有一部分则来源于我们的原生家庭。我们被某种教养方式抚养长大,在潜移默化中习得并继承了原生家庭的教养方式和价值观。然而,源自天性与上一代的教养方法却不一定适合你的孩子。所以,家长要学习科学的教养方式并进行一定的自我训练。这就是这套书丛书之初衷:希望给家长系统讲解当前心理学和教育学有关"教养"的科学理念与科学方法。结合具体的案例解读,对其背后的发展心理学原理以及儿童的内在心理机制条分缕析,给出具体的、切实有效的应对策略和教育方法,力求兼具科学性与实践性。

在家庭教育中,我提倡家长应培养和具备"六心",即六种心理特质和心理态度,以作为家庭教育之"内功"。这"六心"包括以下内容。

第一,自信心。自信心在心理学中被称为自我效能感,指的是一个人认为自己是否具有担负某种责任以及达成某个目标的能力。大量实践证明,家长是否相信自己具备养育和教导好孩子的能力和信心,在教养过程中发挥着至关重要的作用。教养的自我效能感从何而来呢?心理学研究发现,自我效能感来自成功的体验,而成功体验的创造则与心理学另一个著名的原理——自我实现预言(self-fulling prophecy)息息相关。自我实现预言是指当一个人倾向于认为自己可以实现、可以完成、可以达到某个目标时,他将调集身边的资源,从认知、情绪和行为等多个层面共同促进,使得这件事情最终得以成功。换言之,如果家长坚信自己有能力教导好自己的孩子,那么,他就做出了一个正向的自我实现预言。然后,他将在潜意识中调动一切可以利用的资源,使得预言成真。一旦有了成功的经验,家长的自信心就会大大增强，自我效能感就得到提升，如此一来就形成了向上的正循环。同理，如果家长从内心认为自己不具备教养好子女的能力，那么，他将有意无意地寻找无法自我实现的证据，创造失败的经验，打击其自我效能感，并且反过来强化自认为无能的信念，形成向下的负循环。所以，家长一定要从内心相信自己具备育儿能力，从自己过去成功的体验中汲取信心，做出正向的自我实现预言，开启向上的正循环。

第二，学习心。与其说家庭教育是为了改变孩子，重点在孩子身上，不如说家庭教育是为了改变家长，重点在于家长。家庭教育的主体其实是父母。家庭教育本质上是父母的一场自我教育之旅，而这场自我教育之旅最为重要的就是主动学习的愿望、学习的过程以及将所学付诸实践的行动。在家庭教育中，我们学习儿童的心理发展规律，了解其种种行为背后的心理成因以及内在运作机制，而每一次与孩子的互动、交流都是一堂没有下课铃的学习课。与孩子的互动、交流是我们学习体验的第一手信息来源，同时也是我们实践所学效果的显示屏。所以，带着学习的心、主动的心走向这场自我教育之旅吧！将这件事情当成自己的事情。既是为孩子做，又是为自己做！家庭教育就是一场自我修炼，在教育中，了解自我，提升自我，映照自我。有了学习之心，我们也有了反思、反省之心，也有了提升、成长之心。这股内在的动机与动力将推动着我们一步一步走上成长之梯。

第三，成长心。心理学研究发现，每个人的内在思维可以分为成长型思维与固定型思维。成长型思维的人认为自身的基本能力，如智力、才能等并非固定不变，而是随着经验的累积和对自我的反思不断发展和成长的。固定型思维的人则相反，他们认为人的基本能力是不变的，再努力也不会有太大的变化。大量心理学研究证明，成长型思维的人在生活的各个方面表现得更为优异，他们的人际关系更好，事业发展得更成功。成长型思维的人关注过程而非结果，关注成长本身而非目前所在的高度。他们不畏惧挫折和失败，因为他们深知这是走向成功的必然之路。他们充满希望，以未来的眼光看待现在的自己，因为他们能看到当下的各种可能，不因为一时的挫折或失败而备受打击，一蹶不振。认知神经科学研究证明，成长型思维的理解更接近大脑的真相——神经可塑，大脑会随着不断的训练而变得更加强大。成长型思维的人在困难面前具有强大的心理韧性，因为他们知道任何挫折、困难、失败都是一次学习体验，而经历了这次失败之后，下一次他们只会更有经验，做得更好。在家庭教养这个充满未知挑战和必将遭遇无数困难的领域，培养成长型思维至关重要。带着成长的心，家长坚信自己的育儿能力将随着学习、经验的累积而不断提升，从挫折、困难、失败中学习，而不被结果打倒。不仅如此，成长型思维也会使人投入过程，体验到更多的喜悦。它专注于每一个现在，又着眼于未来。

第四，信任心。心理学与教育学一个最重要的发现就是罗森塔尔效应，又称皮格马利翁效应。20世纪60年代末，美国心理学家罗森塔尔与雅各布森到学校声称："我们现在发明了一个全新的方法来挑选那些最具天赋才能的孩子，以下是我们筛选出来的结果。"他们将一份"最有发展前途者"的名单交给校长和老师们。当他们8个月之后再回到那所学校的时候，校长和老师们对他们说："太棒了，你们的这个方法非常准确，你们挑选出来的那些孩子的确在后来的学习中表现得更优异，自信心更强，社会交往能力更好，学习成绩进步非常快。"校长跟老师们都一致认为他们非常具备学习潜力，未来一定能成为出色的人。然而事实上，根本没有什么新方法，那些只是罗森塔尔随机选取的孩子。那么，为什么被随机选出来的孩子，8个月后的确变得成绩更好、更自信、更善于交际了呢？这就是信任的力量。当校长、老师们和家长们发自内心地相信所谓被选中的孩子具备更高的天赋、更强的能力的时候，他们就会将自己心中的积极意向投射给孩子，对孩子产生一种积极的期待和全然的信任，而正是这种积极的期待和信任的力量，使得孩子改变了他自己原本的发展轨道而实现了跨越式成长。所以，不是因为孩子表现优秀而给予了他们信任，而是我们首先给予了信任，孩子才表现得优秀和自信。正如同给予一颗种子新生所需要的阳光、雨露和空气，积极的期待与发自内心的信任就是孩子成长的最好养料和催化剂。

第五，正念心。中国传统文化强调诚意、正心。正念心是追求真理不可或缺之心。20世纪以来，正念的训练由卡巴金博士等发展成为科学化的系统训练。如今，正念之心已成为心理学研究热点之一。大量的心理学研究发现，经过正念训练的人能抵抗更强的压力，无论是在身体健康、学习能力、工作能力，还是在人际关系上，其都有更好的状态和发展。卡巴金博士写过《正念养育》，书中倡导将正念之心运用到养育的过程中，帮助家长应对教养过程中面临的种种挑战和压力。那么，正念之心究竟是什么呢？其实很简单，它就是一种清楚了解当下的能力，清晰地知道此刻内心的感受、感受的发生以及自己的行为倾向。它是一种清楚、清明、清晰的觉察。我们可以通过一些简单的训练来培养我们的正念之心。比如，有意识地放空、放下，练习暂时关闭和停止那些在心中如同背景一般持续运作的思想小程序，简简单单地关注此时的呼吸进出、腹部起伏。每天在工作之余暂停几分钟，享受当下的宁静，没有压力地、轻松地、循序渐进地培养起正念之心。

第六，欣赏心。俗话说："世上从不缺少美，只是缺少发现美的眼睛。"最新的脑神经科学和心理学研究证明了这一人们从生活中总结的智慧。我们的大脑如同一台超级计算机，当我们向它输入搜索指令"这个人有哪些美德和优点"时，我们将很容易从方方面面发现他身上的美德和优点。相反，如果我们问"他身上有哪些缺点和弱项需要改正"，我们同样轻易地发现：他怎么有那么多的问题和缺点？你不妨想想，当你看向自己的孩子时，你向大脑发送的是什么指令？欣赏之心，就是带着"发现美的眼睛"去看待自己和孩子。一个孩子从来不缺乏美好的品质、闪烁的优点和让你感动的瞬间，只是我们常常不是带着欣赏的态度去看。积极心理学和积极教育的研究证明，发挥优势比改正缺点更有效。要改正一个孩子身上所谓的"缺点"往往很难奏效，然而，发挥他身上本就有的优势和特长不仅很容易，也会让孩子感觉很愉快。更重要的是，很多所谓的缺点其实从另一个视角和另一种情景下看就是优点。我们多年积极教育的实践中有大量的案例一再证明了这点，如小廖同学被认为"调皮捣蛋，有多动症"，然而其实是因为他的活力程度（彼得森教授提出的二十四项美德与品格之一）比一般人的高。我们让他当老师的小助手，帮忙搬水、分发课间餐等，为班级服务，让他感受到集体荣誉感，这使得他不久就成了一名优秀的班干部。看上去谨小慎微、胆小怕事的小爱同学，其实是情感敏锐、内心活动丰富、善于感受他人细微心思的高情商孩子，班上每位同学的情绪变化，在她的眼中纤毫毕现。任命她为生活委员，可以帮助老师更周到地照顾到以往被忽视的同学。家长带着欣赏之心，在育儿的过程中将大有助益。那么，应该如何培养欣赏之心呢？积极心理学的积极心理干预实验证明，每天在睡前写下三件今天值得欣赏的事情，连续训练一周就能够有效地帮助人们形成欣赏的视角和心理惯性，并且能有效地提升幸福感，降低焦虑和抑郁情绪。

上述的"六心"就是我认为在家庭教育中非常重要的心理特质和心理态度，也是家庭教育的内功心法。

衷心希望这套书能够帮助你在家庭教育的路上顺利前行。祝福你！

曾光

美国加州伯克利大学—清华大学联合培养博士
广东省幸福积极心理研究院院长
清华大学社会科学学院"积极心理学指导师项目"高级讲师
国际积极教育联盟（IPEN）中国区特别代表
中国心理学会积极心理专委会委员

前言

家庭是孩子的第一所学校，家长是孩子的第一任老师，更是孩子终身的老师。家庭教育是人生教育的起点和根基，是一个人接受最早、时间最长、影响最深的教育，培养的是孩子"日用而不觉"的价值观。古希腊著名教育家、哲学家柏拉图曾说："一个人从小受的教育把他往哪里引导，能决定他后来往哪里走。"儿童期是孩子与家长相处最长的一段时间，是家庭教育的最佳时期。对于每个孩子而言，家庭教育从他出生开始并伴随其成长，对于他能力的开发、生活习惯的形成起着十分重要的作用，将影响着他人格的形成与个体社会化的发展，以及未来人生的发展方向。可以说，家长是影响一个孩子生命及其身心发展的关键所在。家长虽然不是专业的教育工作者，但对孩子身体力行的教育和耳濡目染的影响却远远胜过老师；家庭教育虽然不如学校教育系统和规范，但比起学校教育更具有特殊的针对性、实效性，是为孩子成长打底色的工程。

人生百年，立于幼学。幼儿期是一个人成长中非常重要的时期，从身体和大脑发展来看，与婴儿期（3岁以前）相比，孩子在这一时期身体生长发育速度相对减缓，但与生命中的其他阶段相比，其身体发展还是要快得多，主要特点是日趋成熟。幼儿的大肌肉运动能力逐渐提高，手眼协调能力和小肌肉的控制能力也在迅速发展与完善，这就使得他们能越来越熟练地运用双手，进行丰富多样的探究活动。与婴儿期相比，幼儿的大脑结构已经比较成熟，其高级神经活动的基本过程——兴奋和抑制机能也在不断增强。兴奋过程的增强主要表现为幼儿觉醒时间的延长，这使得他们有更多的时间去探索外部世界；皮质抑制机能的增长，使得幼儿对事物的分辨能力更加精确，能逐步控制自己的行为，减少冲动，有利于良好习惯和个性品质的形成。

在认知发展方面，幼儿期以具体形象思维为主，并逐渐开始向抽象逻辑思维发展，由无意性向有意性发展，他们的思维变得更加灵活，但仍具有主观直觉性和较强的自我中心化。幼儿对周围事物的好奇心和探究欲变得更强，想象力的发展也更为迅速，是由再造想象向创造想象发展的时期，这一时期是人一生中创造力发展的萌芽期，也是最关键的基础期。幼儿期语言能力发展迅速，3岁左右已掌握了本民族语言中最基本的语音，到学前末期基本上可以掌握本民族的口头语言；他们掌握了许多交谈技能，能够流畅地表达自己的想法，并与他人进行交流。他们逐渐对图画、文字符号等书面语言感兴趣，已经具备阅读活动的心理条件。

在社会性发展方面，幼儿的情绪仍然具有易冲动、易转移和易感染等特点，但相对于婴儿期已逐渐趋于稳定，调节自己的情绪与情感的能力有了一定的发展，其个性开始形成，能够较好地建立起社会规则与自己行为的联系。幼儿的社会交往能力大幅度提高，并具有更强的自主性，喜欢与同伴游戏，懂得与人合作、沟通，家庭和同伴对幼儿的社会性发展将产生很大的影响。

从教育环境来看，3岁以后的孩子进入幼儿园，在集体环境中学习和生活，由教师精心地进行教育引导和生活照料，但家庭教育仍具有不可替代的作用。著名的儿童教育家陈鹤琴先生说过：

"幼儿教育是一种很复杂的事情，不是家庭或幼儿园哪一方面能单独胜任的，必定要两方面共同合作方能得到充分的功效。"幼儿园教育和家庭教育就像车之两轮、鸟之两翼，必须同方向、同步调地前进。两者只有紧密结合，充分发挥各自的优势，合理利用教育资源，才能形成教育合力，进而促进幼儿的身心健康发展。

因此，家长要努力提高自身的素质和能力，争做智慧型家长。家长只有不断学习，树立正确的教育观念，掌握科学的教育方法，才能真正了解孩子，做好孩子心灵的陪伴者、成长的引导者、精神的滋养者。法国著名教育家、思想家卢梭说："教育错了的儿童比未受教育的儿童离智慧更远。"这也就是我们常讲的，一旦方向错了，越努力离目标越远。家长须具备自省能力，应经常反思自己的教育方法是否恰当，是否适合孩子各阶段身体与精神成长的需要，应科学选择适合自己孩子的方法，而不能按照家长的标准去塑造孩子，更不能盲目评价孩子。生养孩子最大的幸福在于真真切切地参与一个生命的成长，这意味着对孩子的欣赏和付出；也意味着在爱与被爱中补全我们自己心中的缺憾，从而使我们成为更好的自己。孩子为我们打开了一扇内省之门，帮助我们找回某些丢失的"东西"，从而让我们更懂人性、更懂生命，让我们成为一个更完整的"人"。作为父母，要永葆年轻的心态，把童年、童心还给孩子，像回到自己的童年时代一样，和孩子一起游戏，让孩子轻松、自由、愉快地成长。

幼儿期是人的一生中最快乐、最绚烂的时期，是人格发展阶段中建立自主感、主动感，以及培养孩子意志品质的关键时期，对于孩子的成长具有独特的价值和意义。本书以幼儿期孩子的典型特点及关键能力的培养与发展为核心，囊括了呵护孩子的好奇心、让孩子在游戏中快乐成长、培养孩子的规则意识、正确应对孩子的逆反心理、培养孩子的阅读兴趣、培养孩子的专注力、巧妙应对同伴冲突、轻松度过幼小衔接等内容。全书分为八章，每章由名人名言、案例、原因分析、知识导读、专家支招、亲子互动拓展、推荐阅读等七部分构成，其具体内容包括：围绕家长普遍关注的某一个话题，以生活中生动鲜活的案例引入，呈现幼儿期孩子容易出现的一些问题或现象，由教育专家做出点评，概述幼儿期孩子身体及心理的发展特点，分析每种现象或问题出现的原因，有针对性地提出家庭教育的具体应对策略，设计丰富而有意义的亲子拓展及延伸活动，并为家长推荐相关的教育资源。

孩子是一颗有灵魂的种子，他在努力长成自己的样子。我们能做的就是尽力为孩子创设最适宜的教育环境和条件，遵循孩子的身心发展规律，帮助孩子建构积极自我，让孩子拥有幸福感，有追求幸福的能力，成为最好的自己。孩子真正属于父母的时间只有十几年，如果不珍惜和孩子相处的时间，就会错过人生中最美好和最重要的时刻；如果没有采取科学的方法进行教育，就会给孩子的成长留下遗憾，甚至伤害。养育孩子，本是一场富有诗意的"修行"，让我们在这条漫漫的"修行"之路上放慢节奏，用心发现和欣赏孩子的每一点改变与进步，与孩子一起进步、一起成长。真切地希望每位家长都能深刻理解和把握好家庭教育的本质与内涵，为孩子的成长营造一个良好的家庭环境，运用科学的家庭教育方法，为孩子的成长打好底色，共同成就孩子的美丽人生。

高闰青　张燕子　宋萍

· 目录 ·

第一章
呵护孩子的好奇心——孩子爱"搞破坏" / 1

孩子生性好奇、好动。幼儿自我意识的发展和频繁的自主探究行为，容易出现"破坏性"行为。家长应细心观察、认真分析，正确识别孩子的行为，适时对孩子的探索精神和好奇心给予鼓励与引导，科学引领孩子健康快乐成长。

第二章
让孩子在游戏中快乐成长——孩子不会玩 / 17

游戏是孩子的天性。面对孩子各种"不爱玩、不会玩"的现象，家长要充分认识到玩对孩子成长的意义和价值，应细心观察孩子的行为表现，认真反思自己的教养方式，为孩子的游戏创造良好条件，给孩子一个尽情游戏的快乐童年。

第三章
帮助孩子从小形成规则意识——孩子没有规矩　/　37

　　孩子需要规则。幼儿期是孩子规则意识形成与发展的关键时期。规则意识的培养对于孩子良好习惯的形成、社会性的发展等具有十分重要的意义。面对孩子的各种无规则行为，家长应积极有效地应对，并采取适当的方法引导孩子遵守规则。

第四章
正确对待孩子的逆反心理——孩子爱唱反调　/　59

　　幼儿期的孩子独立意识明显增强、自我意识进一步发展，会产生逆反心理和行为。在日常生活中，家长应注意观察孩子的言行，认真思考、分析孩子出现逆反行为的原因，针对不同的情况，采取有效的策略引导孩子健康发展。

第五章
让孩子从小爱上阅读——孩子不爱看书　/　79

　　阅读是孩子认识世界、融入社会、发展自我的重要途径。家长不可因急功近利的心态而催促孩子阅读，而应该针对孩子的具体情况，客观分析孩子不爱读书的原因，抓住孩子的阅读敏感期，采取科学的方法引导孩子爱上阅读。

第六章
培养孩子的专注力——孩子做事不专心 / 101

　　幼儿期孩子的注意力集中时间相对较短，专注力水平普遍较低。当孩子出现注意力不集中的情况时，家长不要过分着急，更不能随意指责孩子，要认真观察，及时找出原因，科学引导孩子，循序渐进地培养孩子的专注力。

第七章
巧妙应对同伴冲突——孩子被人欺负了 / 123

　　同伴冲突是孩子学习与人交往、建立同伴关系、适应社会发展的路径之一。家长应正确认识孩子之间的冲突，保持积极平和的心态，利用冲突对孩子进行及时适当的教育，让孩子学会解决冲突，提高孩子与人交往的能力，促进孩子健康发展。

第八章
轻松度过幼小衔接期——孩子要上小学了 / 143

　　幼小衔接是幼儿连续的、不断发展的社会性、心理、身体发展上的衔接。家长应端正心态，正确认识幼小衔接，与幼儿园、小学、社区携手营造良好的氛围，因势利导，帮助孩子实现由幼儿园向小学的平稳过渡。

参考文献 / 163

后记 / 167

第一章　呵护孩子的好奇心
——孩子爱"搞破坏"

　　小孩子生来是好动的，生来是好模仿的，也是生来好奇的。

——陈鹤琴

　　即便在孩子身上似乎是破坏的倾向较多，其原因也不在于儿童生来是邪恶的，而是由于创造活动很迟缓，而破坏活动则比较迅速，所以更适合他的活泼的性情。

——[法]让-雅克·卢梭

案例1：壮壮把东西都给"分家了"

爸爸给5岁的壮壮买了一个机器人当生日礼物，壮壮特别喜欢，无论去哪里都要随身带着。机器人非常灵活多变，壮壮喜欢把它拆解成一块一块，再认真地拼起来。爸爸觉得壮壮非常聪明，常常对他夸奖有加。有一天，妈妈由于事情紧急，匆忙外出，把壮壮一个人锁在了家里。壮壮一个人在家无聊，抱着机器人就开始拆，拆完拼好后发现，这对他来说已经十分熟练了，并没有什么难度。于是，好奇心强的壮壮就开始捣鼓家里的其他物件。妈妈一回到家，看到满地狼藉都惊呆了，壮壮把闹钟、手电筒等能拆的东西都给"分家了"。妈妈一怒之下动手打了壮壮，并狠狠地对他说："你什么都要拆，怎么这么调皮，以后再也不给你买玩具了！"

案例2："见人学样"的然然

然然3岁半，看见爸爸剃胡须，她就拿起爸爸的剃须刀对着自己的下巴乱剃一通，结果把自己的下巴划破了；看见妈妈用洗衣机洗衣服，她就将自己的电子玩具、毛绒玩具统统扔进了洗衣机；看见妈妈化妆，她就悄悄拿起妈妈的化妆品给自己画了个"大花脸"，用妈妈的口红在白墙上涂抹得乱七八糟，妈妈昂贵的化妆品常常被然然"毁于一旦"……爸爸妈妈很苦恼：孩子喜欢见人学样，大人干啥，她就学着干啥，不管能不能做，她都要学着做,常常搞破坏,不知道爱惜东西,孩子的破坏行为发展成坏习惯怎么办?

3岁以后的孩子,自我意识开始发展,他们的自主探究行为变得频繁,各种"破坏"行为也就有增无减。正如案例1中的壮壮,通过拆装各种物品,了解事物的内部结构,增加感性认识。案例2中的然然亦是出于好奇,对成人的行为进行模仿,探索周围事物。因此,家长一定要透过现象看本质,正确识别孩子的行为,适时地对孩子的探索精神和好奇心予以鼓励与引导,科学引领孩子健康快乐地成长。

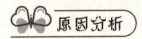
原因分析

爱"搞破坏"是孩子在成长过程中经常出现的现象,3~6岁的男孩子,这样的行为往往表现得更加明显,比如,在家里乱涂乱画,把玩具拆得七零八落。但是,孩子搞破坏只是表象,背后隐藏着不少原因,需要家长静下心来认真探究和分析。

一、孩子生性好奇

孩子天生具有强烈的好奇心,当他们会走会跑,小手逐渐灵活,视野更加开阔时,他们探索世界的能力也随之增强。他们对不理解的事物、没见过的情况都有强烈的探究心理,总想摸摸、看看、闻闻、尝尝,弄个明白。他们不仅喜欢拆卸东西、乱摸乱动,还喜欢提出各种各样稀奇古怪的问题,刨根究底地追问。

如果孩子对事物的探究得不到满意的结果，他们的内心就不会平静下来，这会促使他们反复地进行探究。孩子的认知发展水平和心理发展特点会使他们做出一些看似具有"破坏性"的举动。比如，案例1中的壮壮将玩具机器人、闹钟、手电筒等物品进行拆卸。再如，有的孩子把金鱼捞出来包在手帕里，是担心金鱼会被冻死；把盐倒在水里，是觉得盐有点脏，想洗干净等。这些行为虽然"幼稚"，但如果家长能俯下身来，从孩子的角度去思考问题，便能对其行为的动机有更进一步的了解。

其实，孩子的这些"破坏"行为也是他们学习、探究的方式。孩子的智力发育需要不断接受新信息的刺激，他们往往通过四处探寻各种事物来满足这一需求。所以，在家长看来，他们毁坏了一件物品，但孩子却从中调动了自己的手、眼、耳等感官，得到了自己需要的信息。他们沉浸在探索中，并通过自己的双手去寻找答案。

二、孩子身心发育不完善

学前儿童正处于身心发育阶段，他们手、眼、脑之间的配合还不协调，大脑分析事物的能力不足，因而是一个"笨拙"的探索者。也就是说，孩子有一些"破坏行为"的出发点是好的，但由于孩子能力有限，尚未完全学会良好的"控制"，结果事与愿违。3~6岁的孩子，手眼协调能力、手脑配合能力，都还没有发展成熟。在尝试做事情或是玩耍的时候，他们不能够预估和掌控好自己各方面的能力，尚未掌握物品的使用方法，所以常会不假思索就行动，往往"力不从心"，很容易出现一些小意外和麻烦。比如，孩子尚不能很好地调控自身的力气去完成某件事，很可能会出现东西没拿好就摔坏了，或是力气过大把东西弄碎了。因此，这一不断尝试的过程，也是孩子不断学习的过程。

三、孩子好模仿

好模仿是孩子典型的心理特征，模仿行为是幼儿期常见的一种行为表现，也是幼儿学习的主要途径和方式。周围的一切事物都可能成为孩子的模仿对象。幼儿期孩子的是非辨别能力低，往往不能分辨哪些值得模仿。"看人学样"是孩子学习的一种主要形式，尤其会把父母当作模仿的对象，大人怎样做，他们也会机械地跟着学，由此可能产生不良的后果。正如案例2中的然然，看见大人做什么，她也不假思索地学着做，从而导致了诸多"破坏"行为。从心理学的角度分析，孩子好模仿，一方面是源于其强烈的好奇心，通过模仿探究周围事物，从而满足自己对成长的渴求；另一方面是想走进成人的世界，了解成人的生活。当然，孩子在模仿成人的过程中也会出现一些破坏的行为。此外，大众传媒如电视、电影、录像等，对孩子的教育导向既有积极作用，也有消极作用。有些不太健康的内容极易腐蚀孩子的心灵，为孩子模仿一些不良习气和行为提供了范本。

四、孩子不良情绪的宣泄

由于孩子的情绪易外露、冲动、自控能力差、心理发展不成熟，当自己的需求没有得到满足、受到欺负或者不公平对待时，孩子会表现得十分气愤，难以控制自己的情绪，往往通过扔、砸玩具等破坏行为来发泄心中的不满。比如，为了买新玩具而故意弄坏旧玩具；家长忙于工作而不陪自己，就把他们的电脑摔坏等。这种情况在被溺爱的孩子身上最多见。被溺爱的孩子多表现出任性、自私、蛮横、霸道等特征，一旦事情不如愿，便会破坏东西来发泄自己的情绪，或者要挟家长以达到个人目的，或者故意给家长捣捣小乱，其根本目的是引起家长的注意。

此外，孩子有时会产生嫉妒或报复心理，从而在行动上出现破坏行为。比如，毛毛的爷爷给弟弟买了新书包，毛毛自己没得到，他就故意剪坏书包；球球被同伴欺负却又打不过对方，就扔掉同伴的玩具，这其实是他们在心理上得到平衡的方式。嫉妒是一种不健康的心理表现，它既给孩子带来了心中的苦恼，也影响孩子与他人正常的交往，不利于孩子的成长。由于嫉妒而产生破坏行为的主要是那些能力强、喜欢争强好胜的孩子，他们表现突出、常受表扬，是众人关注的焦点。针对这类孩子，我们建议，尽量少表扬，以免强化他的自我中心意识，而应引导孩子学会欣赏他人。要让孩子知道每个人都有自己的优点和缺点，鼓励孩子互相学习，体验合作的成功和快乐。

归根结底，幼儿心理发展仍处于"以自我为中心"阶段，不太会从他人视角看问题，进而出现种种不同原因的破坏行为。家长要意识到这些"破坏行为"产生的原因，并进行适度引导。

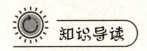

一、幼儿好奇心强的行为表现

好奇心是重要的内在动机,可以帮助孩子探索未知领域,提高孩子对环境的适应性;好奇心是孩子学习过程中的重要因素,它既是认知的需要,又是情感的需求,有助于唤醒并优化孩子求知的热情与主动性。不仅如此,好奇心作为创造性人才的重要心理特征,也是推动科学发现和社会文明进步的不竭动力。好奇心贯穿人的一生,是衡量个体是否健康的标准之一。

好奇心强的孩子在行为上表现出以下特点:一是对于新奇、陌生、不协调的神秘物体,能够做出更加积极的反应;二是表现出想了解他所处的环境和对事物的需要与愿望;三是更善于积极地观察其周围环境,寻求新经验;四是坚持询问,喜欢提问。此外,心理学研究还表明,好奇心强的孩子比好奇心一般或较弱的孩子更喜欢进行探索性的活动。

二、好奇心是幼儿破坏性行为的内在动机

孩子天生就对周围世界充满兴趣与好奇,所以孩子在幼儿期的破坏行为多是好奇心驱使的结果。好奇心对于唤醒孩子的热情与主动性,促进孩子注意力、探索性、坚持性、创造性等的发展非常重要。教育家陈鹤琴指出,"好奇心对于儿童之发展,具有莫大作用,儿童凡对于一切新的东西就产生出好奇心,一好奇就要与新东西相接近"。幼儿期的孩子,好奇心极其旺盛,他们

对万事万物都充满了探究的欲望。此时,孩子的思维是动作思维和具体形象思维占主导的,也就是说,他们要通过亲自动手、摆弄实物来认识、了解周围的事物。因此,好探索、爱捣鼓是这个年龄孩子的正常表现。正如《3~6岁儿童学习与发展指南》中指出:应最大限度地支持和满足幼儿通过直接感知、实际操作、亲身体验来获得经验的需要。幼儿期是发展和培养好奇心的关键期。家长应理解孩子这一时期的学习方式和学习特点,支持孩子的探究。家长不能随意训斥、打骂孩子,更不能限制孩子的探索行为,以免抑制孩子的积极性和创造欲望,而应该鼓励孩子去认识新事物,给孩子创设一定的探索环境,以满足孩子探索事物、认识事物的好奇心。

三、幼儿破坏性行为的实质与分类

孩子在幼儿期经常会出现损坏东西的行为,学界称之为"幼儿破坏性行为"。这种行为可分无意性破坏行为和有意性破坏行为两种类型。

无意性破坏行为主要发生在年龄更小的孩子身上,3岁以前的幼儿神经通路、反射弧才形成不久,反应和协调能力较弱,而且大脑皮质中控制注意力的神经元所在的额叶还不成熟,这就使得孩子注意力集中时间不长,更容易受无关刺激的干扰。

有意性破坏行为,是指孩子明知某种行为会带来不好的后果,却依然故意为之。孩子的有意性破坏行为多数是由于自我意识的萌芽,或是一种探索精神的体现,常常发生在游戏中,是孩子最初思维活动的外在表现。孩子由婴儿期向幼儿期过渡时,随着肢体的发育，他们的活动能力逐渐增强，独立自主性也增强，对世界的探索由之前的用眼看、用嘴触，转变为用手摸、用身体试探。特别是之前那些他们只能看到而不能摸到的、认为神奇的东西，对他们更具吸引力。这一阶段的孩子在探索活动中，表现出一种打破砂锅问到底的精神，有一定的执着性。不把自己所探求的东西弄明白，他们是绝不罢休的。孩子的这种好奇、探究、执着，表现在行为上，便具有了一定的"破坏性"。

此外，孩子的有意性破坏行为也可能是由于情感上的困扰或焦虑引起的消极情绪发泄。比如，需求未得到满足而任性发脾气、报复性心理破坏、吸引成人注意等，这是带有动机的主观性破坏，也可称为情绪发泄性破坏。对此，家长应先与孩子沟通，了解情况后，再动之以情、晓之以理。

专家支招

面对孩子的各种破坏行为，家长应细心观察、认真分析，正确识别孩子的行为，不可对孩子盲目下结论、贴标签。案例1中的壮壮拆装玩具是出于好奇心对事物进行探索，案例2中的然然则是好模仿，孩子的这些行为属于此年龄段儿童的正常行为表现。因此，家长应针对不同情况采取适宜的引导策略，有效促进孩子的健康成长。

一、呵护孩子的好奇心

孩子的某些破坏行为是受其好奇心的驱使，是儿童活力的一种象征，其实质是孩子的探究行为，他们只有通过看、听、闻，甚至摔打等多维的探索，才能获得心智的成长。因此，对于孩子因为好奇心驱使而出现的"破坏性"行为，家长要有宽容的心态，不要严厉地批评和责罚，而要保护孩子可贵的探索精神，为孩子创造适宜的条件，支持孩子的探索。家长要认识到好奇心、好探究不仅有利于培养孩子的动手能力，还可以促进孩子想象力、创造力的发展。鼓励孩子自由探索，并不是听之任之、放手不管，而是尽可能参与孩子的探索活动。比如，对于案例1中的壮壮，家长可鼓励孩子创造，并引导孩子思考，帮助他一起寻找答案，然后再将物品恢复原样，帮助孩子在"破坏—探究—重建"中获得满足感和成就感。对那些貌似具有"破坏性"的探索行为，应加以鼓励和正确引导，以增强孩子的动手能力和探索精神。这个年龄阶段的孩子喜欢摸东西、拆东西，如果我们把东西都收起来了，他就会发脾气，或者胡闹。因此，家长可以为孩子准备一些可以"折腾"的玩具，或操作性强的玩具，比如：拼插类的玩具、可以拆卸的赛车、变形金刚、废旧的手电筒、闹钟、收音机。这样，既满足了孩子的探索欲，也避免孩子到处搞破坏。

二、创设宽松自由的环境

宽松自由的环境有利于孩子自由探索、自主学习，从而满足孩子的探究需求。家长应该珍视并鼓励儿童的探究欲和好奇心，将儿童的活力引向正确的轨道，并为他们安排富含刺激但保证安全的环境，促进他们自发的探究行为。因此，家长可以在家里为孩子创设空间足够大的游戏区，将孩子的玩具投放其中，让孩子充分活动，满足孩子自由游戏的需要。一方面，为孩子提供一些安全无毒的废旧物品，指导孩子进行手工制作，把他们拆东西的兴趣转移到制作上来。另一方面，尽量减少能引发破坏行为的一切因素。如家长要把危险的物品收起来，以免孩子在自由探索时受到伤害或损坏物品；把易损坏的物品（陶瓷、玻璃制品等）放到孩子够不到的地方，必要时将它们锁起来。

三、建立良好的亲子关系

很多孩子经常乱搞破坏，是因为缺少家长的陪伴或关注，亲子关系失调造成的。对此，家长一定要多关注、关心孩子，特别要关注孩子的心理需求，多陪伴孩子，多给孩子一些关爱，多和他们交流，关心他们的情感世界，和孩子一起游戏，给孩子心理上的安全感，促进孩子人格的健全发展。比如，每天睡前与孩子进行亲子共读，闲暇时与孩子一起游戏，与孩子聊聊开心与不开心的事情，如经常问问孩子"妈妈陪你玩，你感觉快乐吗""今天有什么开心的事情吗"等。如果孩子还是砸东西，可以尝试这样对孩子说："宝宝，你扔的玩具娃娃也是会疼的，就像你不小心摔倒了一样。"

四、引导孩子合理表达情绪

消极情绪会影响孩子的行为，可能会产生破坏行为。对于这种情况，家长应该教育孩子学会以合适的方式去表达、宣泄情绪，让孩子的内心充满阳光。首先，家长要为孩子做好示范，树立榜样。在生活中，家长遇到不顺心的事情能够管理好情绪，以平和的心态解决，而不是吵闹、摔打东西等，用实际行动引导孩子接受、欣赏别人的优点。其次，教给孩子合理表达情绪的方法。如，生气的时候可以敲打枕头、跺脚、大声说"我很生气"等，以减少孩子在宣泄情绪时的破坏行为。还可以在家中为孩子准备沙袋、毛绒玩具等。最后，家长要满足孩子的合理需要，若不能满足，也要把原因告诉孩子，取得孩子的理解。孩子发完脾气后，家长要予以安慰，鼓励孩子把不愉快的事情讲出来，并给予分析，从而帮助孩子建立正确的是非观。

五、帮助孩子掌握正确使用物品的方法

如果孩子像案例2中的然然那样由于盲目模仿做了错事，家长首先应引导孩子，让孩子知道哪些事情可以模仿、哪些不能。其次，家长可以教给孩子正确使用简单工具的方法，比如，告诉孩子口红是不能用来画画的。如果孩子因为力度太大而破坏了东西，家长应耐心地教孩子如何控制力量，正确使用物品，比如，抓住孩子的手，让他体会拉抽屉该用多大的力。家长可以和孩子一起找一找，看看家里哪些旧物品可以利用起来，让孩子既能去"破坏"又不会造成损失和麻烦。这个引领的过程，孩子通常都会很有兴趣。家长也可以引导孩子进行一些锻炼控制与协调能力的游戏训练，这些训练用家里现有的玩具和物品就可以完成，比如，用一些木制积木或耐摔的玩具让孩子做手部的抓握动作；平时让孩子自主拿握自己的水杯、餐具，可以进一步尝试往杯子里倒水，让孩子用手端好杯子，尽量不让水洒出来，训练注意力和动作的协调能力。此外，练习画画也是很好的锻炼。这些活动若

能长久坚持，孩子的破坏行为将会有所降低。

六、为孩子制定应遵循的行为规则

孩子破坏东西，有的是因为他们分不清破坏和创造之间的界限。自由发展孩子的自主性固然重要，但是要建立在有原则的基础上。

首先，为孩子建立规矩。家长要明确地告诉孩子一些规矩，比如，在什么上面能画画，什么东西可以撕，什么东西可以拆，并示范给他看。这个过程可能需要反复教育、纠正孩子的行为，并且在孩子做得好时及时表扬进行强化。解决孩子问题的过程，也是让孩子获得自主解决问题能力的过程，要用孩子出现的问题帮助孩子发展，而不是制止某种行为。盲目制止孩子的行为不仅会造成孩子心理的伤痕，还会使孩子遇事缺乏主见。

其次，引导孩子学会承担责任。在孩子的自我意识刚刚萌芽的时候，就要引导他勇敢地对自己的行为负责，培养他负责任的品质。一旦孩子搞了破坏，家长应让孩子知道这是他自己的事，视具体情况，引导孩子学习补救，自行承担责任。比如，牛奶打翻了，那就教孩子怎样清理牛奶、擦净桌子；在墙上乱涂乱画了，那就指导孩子去尽量擦拭。通过这样的方法，让孩子学会为自己的行为负责。用实际行动来培养孩子爱护物品的意识，也能增强孩子的责任心，让孩子承担自己行为所产生的后果。

再次，适当给予一定的惩罚。接受惩罚是对自己不当行为负责的重要表现。如果孩子屡教不改，家长在耐心教育后，应通过适当的惩罚，让孩子知道自己的行为是错的。比如，故意破坏了玩具，那就半年内不能再买新玩具。家长对孩子进行惩罚时，应尊重孩子，不能讽刺、挖苦，不能简单粗暴地惩罚，应该让孩子明白为什么受到惩罚，自己究竟错在哪里。此外，惩罚一定要及时，切勿拖延，否则，就达不到教育的效果。只有家长正确地教育与合理地引导，孩子才能明辨是非，学会对自己的行为负责，坦然地面对表扬和批评、奖励和惩罚，从而提高心理承受能力，增强社会责任感。

最后，耐心教育。对于孩子的"破坏性"行为，家长要就事论事，不轻易给孩子贴标签，不要严厉地批评孩子，也不要说"不许再把玩具拆了，不然下次就不给你买了"等这样警告和威胁的话，因为家长的批评和威胁很可能会扼杀孩子可贵的探索精神。家长一是要在事后问明原因，了解孩子这样做的目的；二是要指导孩子正确地参与做事过程，满足孩子的好奇心；三是和孩子一起讨论这样做会造成什么不好的后果。

亲子互动拓展

一、"好奇宝宝"当修理工

为孩子提供一些废旧的手电筒、小闹钟等，以及相关的工具，如螺丝刀、小锤子、胶带等，与孩子一起探索、修理。对于孩子力所能及的部分，鼓励孩子自己独立完成；复杂的部分，家长与孩子共同探究。在此过程中，家长可以适当引导孩子发现物品的内部构造、原理，必要时给予讲解或帮助。

二、勤劳的小帮手

为孩子准备抹布、扫把、盆子等清洁用品或用具,让孩子学习清理房间、桌面,擦洗物品以及自己的玩具,与家长一起做家务,让孩子在清洁、整理的过程中体会到劳动的辛苦与快乐,也使之更加爱护环境,珍惜家中的物品,不有意破坏。家长及时给予孩子表扬,可以制定"小帮手"记录表,将日期、孩子做的事情记录下来,并奖励笑脸贴画等。

三、小小奖励板

家长可以把挂历做成孩子行为的记录表,挂在墙上,孩子哪一天没有损坏物品或玩具,就在挂历对应的日期上贴一个"小笑脸",每过一段时间(一周、半个月、一个月等)就让孩子数一数,看看自己的进步情况,以此来激励孩子爱护物品和玩具。当孩子一天没有破坏物品或玩具时,家长要好好拥抱他、表扬他,强化孩子爱护物品的正面行为,降低他的破坏性。

四、设置宣泄区

在家里设置情绪宣泄区,放置沙袋、毛绒玩具等,以及画笔、纸张等工具、材料。当孩子产生不良情绪时,可引导孩子拍打沙袋,对毛绒玩具或娃娃诉说自己的情绪,将自己心中不愉快的事情画下来,或者玩撕纸游戏、太空泥、橡皮泥游戏等,让孩子用适宜的方式将自己的消极情绪发泄出来,以减少孩子在情绪不好时的破坏行为。

五、受伤的小白兔

父母与孩子在家一起玩角色游戏,孩子扮演小白兔,爸爸或妈妈扮演小花狗。小花狗和小兔子一起在"草地上"玩耍的时候,小花狗故意抢小白兔的玩具、欺负小白兔,把小白兔的一只耳朵打伤了,并且将小白兔心爱的玩具汽车摔在地上。在游戏过程中,注意观察孩子的反应,事后与孩子交流"被人欺负时、自己的玩具被破坏时的感受怎么样",从而让孩子理解、感受被破坏一方的情绪或情感,使孩子在日后生活中,对他人类似的情绪、情感产生习惯性的理解。

图书:

1. 窗边的小豆豆.[日]黑柳彻子著.
2. 好妈妈胜过好老师.尹建莉著.
3. 父母效能训练.[美]托马斯·戈登著.琼林译.

电影:

1.《放牛班的春天》
2.《淘气宝尼古拉》
3.《育儿有方》

第二章　让孩子在游戏中快乐成长
——孩子不会玩

　　儿童早期的各种游戏，是一切未来生活的胚芽，因为整个人最纯洁的素质和最内在的思想就是在游戏中得到发展和表现的。

　　　　　　　　　　——[德]弗里德里希·威廉·奥古斯特·福禄贝尔

　　未来活动家的教育，首先要在游戏中开始。游戏在儿童生活中具有极重要的意义，具有与成人活动、工作和劳动同样重要的意义。

　　　　　　　　　　——[苏]安东·谢苗诺维奇·马卡连柯

案例1：小新对玩没兴趣

小新4岁了，妈妈把小新的日常时间安排得满满当当，给她报了钢琴、舞蹈、绘画、英语等各种兴趣班。当小新在自由玩耍时，妈妈也常常给予指导，要求小新应该怎样玩、不应该怎样做……可是，小新似乎对什么都不感兴趣，常常不知道自己想玩什么。比如，小新要求去哪里玩，妈妈带她去了，小新却这里站一会儿，那里趴一会儿，再发发呆，一副心不在焉、无所事事的样子。偶尔玩起来，她也总是选择那些没有挑战性的玩具或器材，没玩多长时间，又跑到妈妈跟前，说："我不想玩了，没意思……"有时，妈妈带她去游乐场玩，她也只玩自己熟悉的，而对那些很少玩或没玩过的器材都不怎么尝试。

案例2：喜欢宅在家里的徐徐

徐徐5岁，他的爸爸妈妈工作很忙，很少陪孩子玩。接送徐徐上幼儿园，及其饮食卫生主要由奶奶负责。闲暇时，奶奶忙家务，徐徐就看电视，或者在iPad上玩游戏，很少下楼找小朋友玩。即便是和小朋友玩，徐徐也是经常玩一小会儿，就站在一边观看，或者发呆，或者嚷着要回家。徐徐幼儿园的老师也说，徐徐很听话、乖巧，但徐徐的天性似乎没有释放出来，常常显得比较安静。终于到了国庆假期，爸爸妈妈都有时间了，想带孩子出去好好玩玩，而徐徐却说："我不想出去玩，就想待在家里。"

这让爸妈都很惊讶：一个小孩子竟然不想出去玩？

　　爱玩是孩子的天性，可是一个令人悲哀的事实却是不少孩子不仅被剥夺了玩的权利，也失去了玩的能力。正如案例1中的小新，妈妈对其过度干涉，使之缺乏自由玩耍的机会，久而久之，她就失去了玩的能力。案例2中的徐徐缺少玩伴以及父母的陪伴，加之长期受到电子产品的影响，从而逐渐对玩失去了兴趣和能力。因此，家长应充分认识到玩对孩子成长的积极意义和价值，支持孩子自由游戏，为孩子玩游戏创造条件。

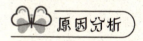

一、家长对玩的认识存在误区

　　有的家长认为，玩是不务正业的行为，是在消磨时间，也会浪费时间。贪玩容易让孩子玩物丧志。于是，这些家长在孩子很小的时候就强行减少孩子玩的时间，让孩子背唐诗、认字、写字、算数、弹琴等。他们为孩子提供以认知为主的图书，用各种他们认为有意义的内容把孩子的时间表填满，正如案例1中的妈妈为小新安排了各种兴趣班，完全忽视了自由玩耍对孩子成长发展的价值和意义。还有一些家长允许孩子玩，但同时也给玩设定了界限：玩一定要对学习有直接的帮助，任何对学习没有什么好处的、纯粹的玩乐是不被允许的。他们喜欢为孩子买益智类的漫画、拼图，音乐类的玩具等，却忽略了娃娃家之类的角色情景玩具。当前社会的一个普遍现象是各种兴趣班填满了孩子的闲暇时间，玩被各种学代替，孩子失去了玩的机会，孩子们没有自己的闲暇时间，更没有自己决定做一些有趣的事的快乐体验。这些孩子慢慢地习惯于被家长安排和支配，使得玩耍从他们的生活中被排挤出去。久而久之，他们也将逐渐失去天生就具备的玩的能力。

二、孩子缺少玩的自主权

孩子不会玩的另一个原因是家长没有真正地放手让孩子玩，使得孩子缺少玩的自主权。对于孩子来说，真正的玩就是自由自主地玩，自己想玩什么就玩什么，想怎么玩就怎么玩。然而，有些家长在孩子玩耍时，总忍不住想介入，甚至指导、限制，从而造成对孩子的干扰，并且使得孩子不知所措，逐渐丧失玩的兴趣与能力。正如案例1中的小新在自由玩耍时，总是遭到妈妈的指点，从而缺乏自主性。还有这样一个案例，一位妈妈带着3岁的女儿玩太空沙，女孩用手随意地揉搓着，而妈妈却在一旁着急了，拿起旁边的模具，对孩子说："你看，是这样玩的，把沙装到模具里面，扣到地上，再拿起模具，就可以做出各种造型了。"妈妈边说边示范。可孩子却不以为然，依然随意地摆弄着沙子。妈妈的语气变得严厉起来，对孩子说："不能那样玩，快用模具给妈妈做一个小汽车，不然下次不带你来玩了……"类似的案例在生活中比比皆是，家长习惯从成人的角度评价孩子的玩或急于追求玩的结果，从而干扰了孩子。再如，家长为孩子买来新的玩具，总想先示范给孩子看，试图教给孩子固定的玩法，对孩子指手画脚，从而让孩子的自由玩耍演变成一种任务式的学习。

三、孩子缺少父母的陪伴

孩子的游戏往往需要互动，尤其是低年龄幼儿的游戏，更需要父母的参与和陪伴。正如案例2中的徐徐，在隔代抚养的环境下，由于长期缺少父母的陪伴，不仅对玩失去了兴趣，也影响了其良好性格的养成。父母参与孩子的游戏，不仅是对孩子的支持，也能对孩子进行适宜的引导，这样才能使得孩子获得更加丰富的体验。然而，有的家长可谓是放任派，在思想上认可玩是孩子的天性，在行动上却表现为"你玩你的，我忙着呢"。这类家长往往是把孩子往游戏垫上一放，拿出一些玩具，任由孩子自己玩。当孩子哭闹着要求父母陪着玩时，家长也会陪在身边，却不知道如何与孩子一起玩，要么玩手机，要么看电视，反正是做自己的事情。事实上，这种陪伴是低质量的、无意义的。让孩子独立玩耍固然可以，培养孩子独自游戏的能力也是有必要的，但孩子的游戏有时是需要陪伴的。还有的家长，毫不吝啬地为孩子买大量的玩具，他们眼里的玩耍就等同于给孩子买玩具，让孩子与玩具为伴，却不与孩子一起玩。但是，这些玩具通常在孩子的新鲜劲刚过的时候就被弃如敝屣。由于父母陪伴孩子时间少、质量低，缺乏必要的引导，孩子很难从玩乐中逐渐培养起一种兴趣和习惯。

四、孩子缺少户外活动

对于都市孩子而言，户外活动显得最为稀缺，因此，把玩还给孩子应该从户外活动着手。户外活动有利于孩子右脑的开发，对于孩子的成长具有重要的意义。然而，现在城市生活节奏快，人们工作压力大，下班之后也懒于外出活动。即使周末也经常带着孩子一起宅在家里。人们渐渐失去了与大自然亲近的机会，也逐渐减少了孩子与大自然的相处机会。有的家长忙于工作，将孩子交由保姆或老人代管。保姆或老人带孩子出去玩的机会更是少之又少，他们嫌带孩子出去玩太麻烦，或者担心出去玩把衣服弄脏，或者怕孩子磕着、碰着，等等。他们让孩子或者在家中看电视，或者独自玩玩具。即便外出，也常常是在室内的塑胶游乐场。案例2中的徐徐就是由于长期在室内，缺少户外活动，缺乏与同伴的接触，久而久之对玩失去了兴趣。长期以来，由于缺少与外界的接触，特别是与大自然的接触，孩子应有的玩性逐渐被泯灭，他们慢慢地习惯于待在家里，习惯于与静态的玩具互动，而不知道如何与同伴一起玩耍。殊不知，户外活动更能激发孩子的玩性和好奇心，释放孩子的天性，培养孩子的社会交往能力，有利于孩子形成乐观向上的性格。

五、电子产品的影响

对于当前社会的孩子而言，比失去玩的机会更可怕的一个现状是孩子根本不知道怎么玩。当你让孩子自己去玩时，他们要么呆若木鸡，要么会问家长要手机。在不少孩子的眼里，玩耍基本等同于玩具、电子设备和动画片，在家里他们要么看电视，要么玩电子游戏。因此，孩子往往数个小时坐在屏幕前一动不动，盯着电视、电脑或者手机，精神高度集中，且维持着兴奋状态，随之而来的却是精神的疲劳、身体缺乏运动所带来的迟滞，同时也丧失了更多获得有益经验的机会。一个电子游戏设计得再有趣、再开放，它也不过是设计者掌控之下的世界，孩子在游戏中再自由，也不过是居住在别人的思想之中，这与真实的社会、自然的气象万千，仍然是难以相比的。电子产品使孩子宅在家中，失去了户外自由玩耍的兴趣，也丧失了游戏的能力，使孩子习惯于面对电子设备，不需要身体和大脑的投入，不懂得怎样自娱自乐，也无法发展其创造力。

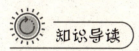
知识导读

一、游戏是孩子的天性

游戏是孩子的天性，这一天性中蕴含着儿童成长所需要的内动力。游戏是儿童早期生命活力的体现。游戏与孩子之间的关系，就如鸟儿离不开天空，鱼儿离不开水一样。哪里有孩子，哪里就有游戏。对于儿童来说，游戏不仅是其发展的需要，是他们存在的方式，也是其发展的体现，儿童的游戏水平反映的正是他们的发展水平。幼儿游戏不像娱乐活动那么简单，并不是贪玩好耍，而是幼儿成长过程中所必须经历的。在游戏中，幼儿的身体、智力、情感、人格、创造力以及审美能力都能得到发展。所谓"聪明的孩子会玩"，"会玩"指的是游戏水平高，"聪明"指的是认知水平高。因此，游戏是最适合孩子且效果最好的一种学习方式，可以说，孩子各方面的发展是通过游戏实现的。

二、游戏的分类

心理学家皮亚杰认为游戏是随认知发展而变化的，他根据儿童认知发展的阶段，把儿童游戏分为感觉运动游戏、象征性游戏、结构性游戏和规则性游戏四类。

（一）感觉运动游戏

感觉运动游戏也称机能性游戏、练习性游戏，这类游戏主要由简单的重复动作组成，其动因在于感觉运动器官在运用过程中所获得的快感。儿童主要是通过感知和动作来认识环境、与人交往的，他们的游戏最初是以自己的身体作为游戏的中心，逐渐学会摆弄与操作具体物体，并反复练习已有动作，从简单、重复的练习中，探索新的动作，从而使自身获得发展。在反复、成功的摆弄和练习中，儿童能获得愉快的体验，如摇铃、拍水、滚球、爬行、滑滑梯等。感觉运动游戏是学前儿童最早使用的一种游戏形式，主要在2岁前。研究表明，感觉运动游戏随着年龄的增长而逐渐减少，到6～7岁时，只占全部游戏的14%。

（二）象征性游戏

象征性游戏是儿童以模仿和想象扮演角色，通过使用替代物，创造性地反映周围现实生活的游戏形式，其主要特征是"好像"和"假装"，如把积木当饼干喂娃娃吃，张开双臂开飞机等。幼儿在象征性游戏中可以摆脱当时对实物的知觉，以表象代替实物作为思维的支柱进行想象，并会用语言符号进行思考。象征性游戏也可以满足儿童在现实生活中不能实现的愿望和要求。角色游戏是象征性游戏发展过程中的一个特殊阶段。2岁前的幼儿的象征性游戏往往只有动作的象征，没有角色的象征。

象征性游戏是学前儿童典型的游戏形式，大约2岁开始出现，4～5岁达到高峰期，随着学前期的结束而逐渐减少。

（三）结构性游戏

结构性游戏是儿童用各种不同的结构材料（积木、积塑、泥、沙、雪等）来建构、反映现实生活中的物体的游戏，如搭积木、插积塑、做泥塑、折纸、堆雪人、玩沙、玩泥等。结构性游戏大约2岁出现，前期带有象征性，如用雪花片拼插一个"花篮"来玩娃娃家的游戏，强调过程的体验；而后期逐渐成为一种智力活动，幼儿越发关注过程以外的结果，如拼图游戏。由于结构性游戏需要建构者具备一定的建构技能，幼儿自发的结构性游戏发展相对缓慢，需要较多的指导。

（四）规则性游戏

这是一种由两人以上参加的，按照预先设定的规则进行的带有竞赛性质的游戏，包括智力性质的竞赛（如打牌、下棋等）、运动技巧方面的游戏（如跳房子、猫捉老鼠等）、音乐游戏等。

规则性游戏多在四五岁以后开始发展，成熟期在7～11岁。规则性游戏的发展，标志着游戏逐渐失去了具体的象征内容而进一步抽象化了。规则性游戏中，儿童对规则的认识、理解和遵守可以为幼儿今后的人生奠定良好的基础。规则性游戏是儿童游戏的高级形式，它具有代代相传的特点。由于规则本身具有不同的复杂程度，动作技能的要求不同，这种游戏从幼儿一直延续到成人。

三、游戏促进了孩子的全面发展

陈鹤琴说:"游戏是儿童的生命,游戏具有种种教育上的价值。"游戏促进了孩子的全面发展。一是游戏发展幼儿的运动协调能力。孩子在游戏中,会追逐、奔跑、投掷、跳跃等,会利用各种各样的材料进行一些游戏活动。那么,在这些游戏活动中,孩子的骨骼、肌肉、运动能力、运动的协调性等都得到了发展。二是游戏促使幼儿探索、思考、学习解决问题。游戏是幼儿自主自愿的活动,游戏使孩子充分发挥其主观能动性。在游戏中,幼儿能学会自我成长、自我探索、独立发现问题和解决问题。三是在游戏中,幼儿可以再现生活,表达自己的想法和感受。幼儿的游戏具有假想性,他们在模拟的情景中扮演生活中的各种角色,再现生活,体验快乐。四是游戏促使幼儿学会交往与合作。游戏为幼儿提供了社会交往的机会,游戏中的各种情景使得幼儿逐渐摆脱自我中心,学会理解他人,发展了他们的交往与合作能力。五是游戏激发幼儿的想象力和创造力。游戏为幼儿提供了自由想象的空间,对其创造力的发展起着重要作用。六是游戏带给幼儿身心愉悦的情绪体验。幼儿在游戏中按自己的意愿,自由自在地活动,在轻松愉快的氛围中,充分体验快乐,因此,游戏为幼儿提供了体验积极情绪的机会。

游戏是孩子的天性,游戏对儿童的成长具有重要意义。面对孩子各种不爱玩、不会玩的现象,家长应细心观察孩子的行为表

现，更要认真反思自己的教育方式。如案例1中小新对玩没有兴趣，缺乏探究新事物的好奇心，主要是由于妈妈对小新的控制或干涉太多，致使小新缺乏玩的自主和自由。案例2中的徐徐对户外玩耍失去兴趣，喜欢待在家里，主要是由于缺少父母的陪伴，且长期没有同龄玩伴，缺少户外活动，受到电子产品的影响。因此，家长应积极反思自己的教育方式，支持孩子自由游戏，还孩子一个快乐的游戏童年。

一、正确认识游戏对孩子成长的意义

游戏是孩子最喜爱的活动，是孩子童年生活中最重要的内容，是孩子获得快乐、成长的载体，孩子真正的学习是在玩中实现的。案例1中小新的日常时间被各种兴趣班占满，致使小新缺少自由自主玩耍的机会。因此，家长应充分认识到：游戏是儿童的生活，是儿童快乐的源泉，是儿童生命的重要组成部分，也是儿童认识世界的途径。"游戏是儿童的权利"，儿童应该享有游戏的时间；游戏是儿童的"精神乐园"，也将伴随儿童的成长，以不同的方式使其人生丰富而充满希望；游戏是儿童的生活，可以培养孩子热爱生活的情趣和适应生活的能力，让孩子在游戏中获得生活的智慧和乐趣。正如我国2017年第六个学前教育宣传月的主旨："爱玩的孩子健康，会玩的孩子聪明，常玩的孩子善于与人合作。"儿童需要游戏，儿童离不开游戏，我们不仅要重视儿童的游戏，更需要学会科学地指导儿童的游戏。家长应充分认识到游戏对孩子成长的重要意义，为孩子创造一个支持他们自由游戏的良好环境。

二、为孩子创设良好的游戏环境

良好的游戏环境是幼儿玩的前提。游戏环境包括物质环境和心理环境。物质环境主要是指幼儿游戏所需的场地、游戏材料、游戏时间等。家长应为孩子提供游戏所需的空间,如在家中为孩子布置房间,有条件的可以设置专门的游戏区,同时经常带孩子到户外的公园、广场玩耍,让孩子多接触大自然,感受自然的气息、四季的变化。此外,家长还要为孩子提供适宜的玩具或游戏所用的材料,合理安排孩子的时间,保证孩子每天都有机会游戏。心理环境主要是指环境中的人际关系和心理气氛。孩子游戏时需要有轻松自由的氛围和家长对孩子的关爱与支持。良好的心理环境能够激发孩子游戏的兴趣。家长不要因为孩子弄脏了衣服、搞乱了房间而责备他们,也不要以此限制孩子游戏,更不要干预他们的玩法和规则,否则,就会改变游戏本身自由、愉快、自然和探索的特性。家长应该让孩子在良好的物质环境和心理环境中成为游戏的主人,使他们充分表现自我,真正享受到游戏的乐趣。

三、为孩子选择适宜的玩具

鲁迅说过:"游戏是儿童最正当的行为,玩具是儿童的天使。"玩具是孩子游戏必不可少的物质条件。然而,现在的孩子拥有无数的玩具,家中玩具成堆,看上去色彩斑斓、琳琅满目,但大多是光电玩具,也就是"懒玩具",要么发光、发声,要么会动,如电动小汽车、发光陀螺等。这些外表光鲜的玩具,价格高昂，功能多样，其玩法却是单一的，不利于孩子动手能力、想象力、创造力的培养。玩具不必太多，太多反而会使孩子不知道玩什么，也会影响孩子的专注力。玩具宜少而精，尽量多选择一些简单结构的玩具，如拼插玩具、变形玩具，能够发展孩子的动手能力、思维能力、观察能力等，给孩子想象、创造的空间。同时，家长应根据孩子的兴趣定期更新玩具，可以随时收起来一些，只留少部分在外面。日常生活中的一些废旧物品或自然物都可以成为孩子的玩具，只要确保安全卫生即可，如盒子、瓶子、棍子、布料等，其玩法更加多样，孩子可以富有创意地玩。此外，家长还可以和孩子一起自制玩具，如用废旧的药盒、瓶盖制作小汽车，用冰糕棒制作发射器等。自制玩具的过程培养了孩子动脑动手的能力，也增进了亲子感情，而且这些玩具玩起来也需要更多的技巧。

四、高质量地陪伴孩子

亲子互动，既能增进亲子之间的感情，又能促进亲子之间的交流。玩是孩子的天性，陪伴孩子最好的方式就是一起游戏，和他们一起玩、一起大笑、一起乐，与他们同乐就是最佳的状态。亲子互动游戏，每天只需要30分钟，就能让你完成一段高质量的陪伴。案例2中徐徐的父母对孩子陪伴太少，其实只需每天挤出一点时间，时间的长短并不是最重要的，重要的是高质量。有的家长以敷衍的态度对待孩子，陪在孩子身边，被动地回应孩子，或者做自己的事情。其实，孩子的内心是敏感的，很容易察觉父母的"敷衍"，而父母的敷衍将会毫无意外地让孩子产生"极度无聊"的感觉。我们要用快乐而积极的态度来陪伴孩子，和孩子一样真诚地投入，与孩子一起兴奋地玩耍、奔跑、创意，甚至"恶作剧"……在陪孩子玩游戏的过程中，还应该针对不同年龄段的孩子，设置不同的游戏。具体选择什么样的游戏，应该主要根据孩子的兴趣来决定。父母要永葆年轻的心境，把童年、童心还给孩子，像回到自己的童年一样，和孩子一起玩耍，让孩子轻松、自由、愉快地成长。

五、减少对孩子的控制和安排

游戏的核心精神是自由、自主，游戏是非强制性的，被迫的游戏就不再是真游戏了。《儿童权利公约》中明确指出："游戏是儿童的权利。"要想使孩子会玩，玩得开心，就要让孩子做自己的主人，对孩子放手，让孩子充分自由地玩耍，减少对孩子的控制和安排。案例1中小新的妈妈就剥夺了孩子自由玩耍的机会和权利。因此，家长应做到：首先，给孩子自由玩耍的机会和权利，不要主宰孩子的时间，切忌将孩子的时间填得满满当当，而要鼓励孩子自由支配自己的闲暇时间。其次，在孩子玩耍时，不要过多地指导和控制，因为这真的会造成孩子不会玩。我们要鼓励孩子去发明创造，不制止孩子玩水、玩泥巴等，让孩子在玩耍中多一些创造性游戏。最后，当孩子感到无聊、无所事事时，家长要适宜地进行引导和帮助，让孩子玩起来。比如，为孩子设计一些有趣的活动，吸引孩子一起做游戏，引导孩子制订周末计划、假期计划等，并鼓励孩子按照计划执行。

六、给予必要的引导

玩游戏是孩子的天性，但游戏种类繁多，玩法多样，要使孩子真正地会玩，离不开家长的引导。家长要成为孩子玩的支持者、帮助者、保护者和游戏伙伴。对于年龄较小的孩子，家长更要给予适当的引导，激发孩子参加游戏的欲望和灵感。首先，家长要善于发现或培养孩子的兴趣，支持孩子游戏。如孩子对科学活动感兴趣，经常在家里捣鼓着做科学实验，家长就要支持孩子，为孩子提供需要的材料，并让孩子有机会为家人展示自己的发现。其次，要注意培养孩子自主游戏的意识，让他们养成不依赖家长、独立玩的习惯。倘若家长总怕孩子不会玩，担心孩子摔疼、摔伤，孩子干什么都陪在身边，这样就容易让孩子养成依赖成人的习惯，不会自己去解决问题，也会影响孩子人格的健全发展。再次，鼓励孩子积极与同伴一起游戏。幼儿期的孩子喜欢和同伴玩，家长要为孩子创造与别的孩子一起玩的机会，引导孩子在与同伴游戏的过程中学会与人相处、解决各种问题。因此，家长要鼓励孩子与同伴一起游戏，让孩子从游戏中得到锻炼，在与同伴的游戏中发展合作意识。最后，家长应多关心和了解孩子的游戏内容，捕捉兴趣点，提升孩子的游戏品质，也要及时发现问题，解决问题。

七、让孩子学会独处

独处是孩子认识自我、了解自我、管理自我，以及发展其自主能力的重要途径之一。一方面，家长可以尝试给予孩子一个自己的空间，尽量不要打扰。家长可以在家中为孩子设置一个私密空间，比如，用废旧的大纸箱做成小屋，也可以是自制的或购买的小帐篷。孩子非常喜欢这样的空间，他们非常需要有一个属于自己的角落。在这里，让孩子学会独处，自由自主地支配自己的时间，培养孩子享受独处的乐趣，让孩子拥有自己和自己开心玩耍的能力，使孩子做自己时间的主人，也使孩子逐渐学会管理自己的时间。另一方面，允许孩子"无聊"。无聊是一种情绪状态，也是一种情感需求。家长应把无聊视为一种孩子自主成长的机会。无聊的时候也可能是孩子创造力爆棚的时刻。孩子只有在足够的空余时间里，才能够学会怎样愉悦自己，怎样创造自己的娱乐方式，怎样让自己获得快乐。因此，家长不要怕孩子有空闲。当他空闲抱怨无聊时，家长表示理解，但少安毋躁，耐心观望一会儿，你就会发现，他自己找到了可做的事情。这样的时刻，恰恰是孩子练习听到自己内心的声音、了解自己喜好、锻炼做选择和决定的时刻。

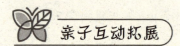
亲子互动拓展

一、为孩子制订惊喜计划

根据孩子的性格、年龄特点，定期为孩子制订惊喜计划。例如，以周为单位，每天安排一个活动或小游戏，周末以户外活动为主，也可以隔几天一个活动，根据孩子的闲暇时间灵活调整。表2-1是一个亲子活动周活动计划。

表2-1 亲子活动周计划

周一	周二	周三	周四	周五	周六	周日
亲子游戏：小鱼游游游	手工：蔬菜印章画	亲子游戏：什么东西不见了	科学：火山爆发	亲子游戏：有趣的绳子	放风筝	公园踏青

小鱼游游游。爸爸或妈妈扮演渔夫，手拿呼啦圈或其他圆形材料当渔网来捕捉小鱼，宝宝扮演小鱼。可以大致划定一个范围作为池塘，渔夫和小鱼都不能出边界。小鱼被网住后，和渔夫互换角色。爸爸或妈妈扮演小鱼时，可以半蹲着，和孩子身高大致保持同一高度。

蔬菜印章画。准备材料：各种蔬菜，如土豆、萝卜、芹菜、丝瓜、青椒等；颜料；白纸。操作方法：将蔬菜对半切开，蘸颜料，印在白纸上，印的时候注意力度适中。

什么东西不见了。家长摆出几样物品，让孩子看1~2分钟，闭上眼睛。家长拿掉其中的一个或两个物品，再请孩子说说什么物品不见了。家长和孩子交换角色再玩一次。可先从少数几个物品开始，逐渐增加物品的数量和拿掉的数量。

火山爆发。准备材料：4个杯子、白醋、小苏打、红色食用色素。操作方法：2个杯子里分别倒入1/4杯白醋，2个杯子分别倒入1/4杯小苏打，每个杯子里滴几滴红色素，之后把白醋慢慢倒入小苏打里。认真观察：小火山爆发啦！

有趣的绳子。为孩子准备一根毛线绳，鼓励孩子自由想象进行摆变。一根绳子可以摆出什么？一只鸟、一朵花、一条鱼……你还可以摆出什么？

二、设置孩子专属的游戏区

在家里的某个角落或房间,为孩子布置一个区角,供孩子自由游戏。在区角铺上舒适的垫子,摆放一些孩子喜欢的玩具,以开放型的玩具为主,如插塑、串珠、积木等,以及生活中的废旧材料和自然物。和孩子一起商量,定期更新玩具,让孩子在闲暇时间自由自主地在游戏区玩耍。

三、做家务的小帮手

在家里,为孩子提供做家务的机会,如擦桌子、洗碗、择菜、扫地、整理房间等。在这样的过程中,孩子体会到了劳动的乐趣,看到了做每件事情都有一个完整的过程,也增进了亲子交流。对于孩子来说,玩耍是无处不在的,他们就是在生活中玩耍和学习的。

四、绘本阅读

绘本《汤姆无聊的时候》《超级无聊的一天》讲述的都是当孩子无聊的时候,其想象力和创造力被激发出来,于是,孩子开动脑筋做出了非常有意义的事情,从而让无聊变得有趣的故事。家长可以与孩子共读这两本书,让孩子感受书中主人公自己打发时间,自己创造有趣活动的情景,也可以让孩子扮演书中角色来演绎绘本,模仿绘本中人物的创意想法。

 推荐

图书：

1. 玩出来的成长奇迹：上、下册.朱涌著.

2. 父母艺术力：简单易行的家庭艺术创造活动.[美]琼·范·胡勒著.薛玮译.

3. 好爸妈就是好玩伴.何春燕著.

4. 妈妈是最好的游戏老师.[韩]黄京泽著.尚明朋，译.

电影：

1.《想飞的钢琴少年》

2.《地球上的星星》

第三章　帮助孩子从小形成规则意识
——孩子没有规矩

不以规矩，不能成方圆。

——孟子

什么是教育？简单一句话，就是要养成习惯。

——叶圣陶

只有当孩子成为自己的主人、拥有充分的自由时，他才能够节制自己的行为，成为守纪律的人。

——[意]玛利亚·蒙台梭利

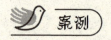 案例

案例1：没有规矩的顺顺

顺顺3岁半了，是家里的"调皮大王"，让父母头疼不已。他会把妈妈刚收拾好的玩具扔得乱七八糟，用彩笔在墙上、床单上自由创作，图画书也在他的小手下"壮烈牺牲"了，妈妈生气地拉起顺顺的小手拍打几下，教育道："书能撕吗？再撕书，妈妈会打得更疼啊！"说完，妈妈拿出胶带自己粘补图书。妈妈做好饭，叫顺顺来吃饭，可他只顾着玩玩具，连头也不抬，像没听见一样。妈妈又大声叫："顺顺，你再不来吃饭，我们就把你最喜欢的鸡翅吃完了。"可是叫了几遍，顺顺都没反应，妈妈一边叹气"这孩子真是一点规矩也没有"，一边把鸡翅夹出来放在顺顺的碗里，等他什么时候想吃时再吃。

案例2：我行我素的当当

当当4岁半，上中班。晨间活动之后，老师请小朋友们自主上厕所，然后坐到位子上准备进行集体教学活动。小朋友们上完厕所洗完手之后都陆续回到了位子上，只有当当还站在盥洗室的门口玩弄墙上的图画。老师看着当当又重复了一遍要求，当当似乎没听见，老师只好走过去将当当拉回座位。接下来，老师开始组织教学，其他小朋友基本上都能跟随着老师听讲、发言，而当当却从身边的玩具柜上拿下来几个玩具，自顾自地玩了起来……放学时，老师请小朋友们换好鞋子，然后排队下楼，原本排在后

面的当当插进第二排，后面的苗苗不愿意了，用手推当当，两人打了起来……

孩子在这一时期表现出随心所欲、规则意识淡薄等状态，一方面是孩子的年龄特点所致，如案例1中的顺顺喜欢在更加广阔的空间里作画，所以在墙上涂鸦；孩子沉浸在自己感兴趣的玩具操作中，所以对妈妈的催促声听而不闻，这些现象属于此年龄段孩子正常的表现。另一方面，家长要认真分析、判断，对于孩子真正的无规则行为应引起重视，如顺顺乱扔玩具不予收拾可能是妈妈的包办代替造成的。此外，案例2中的当当不能执行老师的要求，不能遵守班级规则，经常沉浸在"自己的世界里"，可见当当缺乏一定的规则意识，这就需要家庭和幼儿园联合起来对孩子进行规则教育。

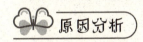
原因分析

一、家长规则意识淡薄或有偏差

很多家长不知道孩子需要养成规则意识，也不知道孩子应该遵守何种行为规则。在日常生活中，家长对孩子缺乏相关规则的要求和教育，久而久之，孩子便缺乏规则意识，难以养成遵守规则的习惯。如案例1中的顺顺之所以没有遵守规则，是因为家长并没有给顺顺制定相应的规则，从而导致了顺顺的各种无规则行为。有的家长对孩子倍加呵护，过分溺爱，不愿意约束和要求，以"孩子还小"为借口，无形中降低了对孩子规则的要求。还有的家长对孩子的违规行为缺乏必要的关注，认为小事无伤大雅，放任自流，却不知不良行为若不及时加以制止，就等于得到了强化。有的家长没有提前为孩子制定规则的意识，事先不定规则，等到孩子违反自己的心理底线或意愿后再批评指责，难以真正将其内化为孩子的规则。有些家长知道孩子应该养成规则意识，但对孩子应该遵循何种规则却存在认识上的偏差。例如，东东的爸爸认为，东东推搡小朋友是同伴交流的一种方式，甚至还说"孩子强势一点，在幼儿园不会吃亏"。有的父母认为"听老师的话岂不是限制了孩子的个性发展"；还有的父母存在其他方面的理念偏差，如推卸责任型，"孩子送到学校，学校就要负责教育好，这是老师的责任"，还有教育无用型，"我的孩子天生就这样，不喜欢和其他小孩玩，怎么教育也没用""树大自然直，现在孩子年龄小，这不用培养"，等等。诸如此类，都是家长规则意识淡薄或存在认识上的偏差，从而导致孩子规则教育的缺失。

二、家长不能以身作则

所有人都要遵守的行为规范，才能被称为规则。在生活中，很多家长不自觉地把自己当成了孩子的"法官"，变成了高高在上的规则制定者，而不是平等的共同遵守者。例如，要求孩子按时睡觉、起床，自己却看电视、睡懒觉；要求孩子遵守交通规则，自己却随意闯红灯；要求孩子讲文明，自己却在公共场所大声喧哗，为了省事翻越栏杆，为了省时随意插队。如果家长只是一味地要求孩子遵守规则，而自己却不能以身作则，就会影响孩子规则意识的形成，甚至孩子长大后会在规则面前投机取巧，走入人生的歧途。这样一来,家庭教育中规则的设立,必然会失去原有的分量,孩子也会感到茫然,不知道怎样的行为是正确的。孩子的规则体系就会混乱,这样的规则对孩子肯定也是无效的,还会使家长失去威信。因此,当我们对孩子有所要求时,我们就应该像对待严肃的法律一样,始终如一、毫不妥协地执行这些要求。正所谓言传身教,就是以自己的言行给孩子带来积极的影响。如果我们做不到,就不能一味地要求孩子做到。孩子们很善于察言观色,他们虽不出声,却默默观察着大人执行规则的态度,并下意识地做出反应:这个要求是必须执行的,这个要求是可以讨价还价的,这个要求有也等于没有……因此,在教育孩子的过程中,家长的行为更重要,家长是孩子的行为榜样。

三、家长对孩子妥协与纵容

很多家长说,明明给孩子制定了规则,可孩子不遵守。原因是虽然制定了规则,但没有切实执行规则,即便是偶尔对孩子的行为妥协或让步,也会使得原本设立的规则失去效力。孩子形成规则意识需要漫长的过程,他们需要在一次次具体的活动和一个个具体的事件中真正体会到什么是规则,应该怎样遵守规则。孩子规则意识和习惯的养成需要家长不断地给予强化,这是规则逐渐内化的过程。然而,有的家长往往认为偶尔让步一次没关系,下次一定严格要求。殊不知,就是这"偶尔一次"使得孩子无视规则的存在,无法形成规则意识,无法养成良好习惯。家长经常抱怨孩子"不听话",实际情况却是家长自己没有原则。这种现象其实到处可见,比如,家长请孩子收玩具,如果孩子不收,家长发发牢骚后就自己收。再如,和孩子约定好在小朋友家只玩半个小时,到时孩子一哭闹,家长多半又会妥协,再多玩半小时。外出购物时,当孩子看到喜欢的玩具就哭闹着要买,明明家里有同样的玩具,家长碍于面子再次妥协。在吃饭问题上,这一点表现得尤为突出,因为妈妈们总是怕饿着孩子,像"再不来就不给你吃"这样的话通常只为吓唬孩子。既然什么时候想吃都有得吃,既然妈妈从来都是"说到做不到",孩子当然会对妈妈的话充耳不闻。因此,家长切记要说到做到,放弃或妥协是不明智的。如果你觉得你所提出的要求很难实行,那就不要使用。孩子的自律与家长智慧的教导和持之以恒密不可分。如果家长在规矩的建立与跟进上有始无终,那么,孩子在行为上就更容易出问题。

四、教育方法不适宜

不少家长知道应该培养孩子的规则意识,但却不知道怎么培养,或者培养的方法有误。现实生活中,有的家长在培养孩子遵守规则时,总是随心所欲,没有科学的方法。例如,案例1中顺顺撕破图书,妈妈就采用打手、恐吓的方式进行教育,这显然是不合适的。还有些家长心情好时,用物质来诱导孩子或者是喋喋不休地进行说教;心情烦躁时,又以训斥、责骂甚至暴力相逼。这样做,不仅不利于孩子养成正确的规则意识,反而会破坏亲子关系,还影响孩子的心理健康。家长给孩子设立规则,应让孩子明确这是他应该遵守的,让他从内心体验到遵守规则的重要性和必要性。采用物质诱导或打骂、暴力的方法都是不适宜的,靠外部的强压来控制和约束孩子的行为，不仅会适得其反，引发孩子的逆反心理，还使得孩子把执行规则当作一种负担，导致其产生不良行为习惯。因此，如果我们的培养方式不改变，不让孩子真正理解"为什么"要遵守规则，任何说教与强制都只能给孩子的社会行为发展带来消极影响。

五、家庭教育不一致

家庭成员之间教育态度不一致是导致孩子不守规则的一个重要因素。现在的家庭，一个孩子的成长由爸爸、妈妈、爷爷、奶奶、姥姥、姥爷等多个人照顾和教育，孩子成为家庭的核心。在这样的家庭中，在孩子的关键问题上，家庭成员的教养态度难以一致。一个说行，一个说不行；一个说东，一个说西；一个要求遵循约定或规则，一个纵容袒护……这时孩子夹在中间，会感到迷惑，不知道到底应该怎么做，自然很难形成规则意识，也很难养成良好的习惯。如在孩子吃零食的问题上，妈妈反复提醒饭前不能吃，奶奶看不过去，偷偷地拿给孩子吃。等到下次孩子想吃零食时，仍旧会闹得不可开交，直到达到目的。这样的情况下，"规则"这道防线很快就能被孩子突破，而爸爸妈妈却毫无招架之力。孩子对人际关系的洞察力是很强的，不要让他利用家长的分歧而"投机取巧"，家庭联盟是培养孩子规则意识、纪律感和自我控制力的最强大的武器。所以，家长对孩子的要求要尽量一致，不能给孩子留后路。即使家庭成员之间的意见有分歧，也不要当着孩子的面争执，有一方可临时妥协，事后找个合适的机会再沟通。

六、规则不适宜

不同年龄阶段的孩子应有不同的规则意识,家长应根据孩子的年龄特点区别对待。在现实生活中,很多家长为孩子制定规则时,不考虑孩子的心理特点,为孩子制定的规则超出了孩子可以理解、接受与遵守的范围,完全想当然地从家长的角度制定规则,经常要求孩子像一个小大人似的规规矩矩、老老实实,缺乏童心童趣,致使孩子难以很好地遵守规则。例如,有的家长要求孩子吃饭时保持安静、不能说话、坐姿端正等。殊不知,学前儿童的年龄特点就是好动,要求孩子吃饭时少说话是可以的,但孩子不可能保持绝对的安静。其实,亲子共同进餐时轻松愉快的交谈是正常的,不仅有助于孩子的消化,也有利于亲子感情的交流。再如,孩子天生喜欢在地上摸爬滚打地玩,而有的家长则要求孩子玩耍的时候不能光脚丫,不能趴在地上或躺在地上等。当孩子从外面回到家里,有的家长发现孩子身上很脏,甚至还批评、责骂孩子。这些要求都是因为不了解孩子的年龄特点,缺乏对孩子天性的尊重,孩子自然很难遵守诸如此类的规则。

七、给孩子的自由太少

有的家长将遵守规则理解为"听话",于是给孩子制定了过多的规则,经常是"这也不许动""那也不能摸""玩这个危险"……一旦孩子与家长的要求不一致,就会强迫孩子服从,并且认为这是管教严格、不娇惯孩子的表现,从而使孩子在"枷锁"中成长。长期生活在这种控制氛围中的孩子,做事和思维的依赖性会越来越强，动辄请求家长的帮助，并对自己的能力产生怀疑，害怕尝试新事物，遇到挫折常常惶恐不安，而且调整情绪变化的能力比较弱。长久下去，孩子还会失去好奇心、自信心、思考能力，以及探索与创新意识。还有另一种可能，父母越禁止孩子做什么，孩子越逆反着想去做，可能会出现极端现象，甚至制造出一些"危险"或"事端"。

　　蒙台梭利认为，自由和纪律是同一事物不可分割的两个方面。她指出，纪律的培养不能靠强制，也不能靠宣传和说教，只有在自由活动中才能使儿童理解纪律，在理解的基础上接受和遵守集体的规则，这样，儿童才会是主动的，在需要他们守规则时才能控制自己。因此，要在自由的基础上培养纪律。家长应该了解，要使孩子身心健康地发展，要使孩子的天性得到自然的释放，自由是必要的。自由不仅包含孩子活动的自由，还包含心理的自由。然而，自由并不意味着孩子可以随心所欲，想干什么就干什么，自由是有限制的，这个限制就是规则。光有自由而没有规则就成了放任自流。因此，我们要清楚遵守规则的目的，它是要让生活变得更有意义，是为了保护孩子，而不是为了限制孩子。如果到处都是规则，那么规则就变成了牢笼，会限制孩子的探索欲，阻碍孩子的成长和发展。所以，家长可以适当给孩子的生活留白，每天留出一些时间让孩子试着去自主安排，让他们做自己的主人。

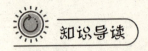

一、学前阶段是幼儿规则意识形成与发展的敏感期

幼儿的规则意识是指能够发现事物的发展规律，习得和顺应这种规律，并以规则为自己行动标准的意识。孩子从出生几个月一直到6岁，其秩序的敏感期是呈螺旋状发展的，这一时期也是幼儿规则意识萌发和规则行为初步形成的重要时期。3~4岁的幼儿尚处于自我中心阶段，规则意识开始萌发，他们能够意识到规则的存在，但并不了解规则的目的或意义，没有遵守规则的意识，在成人的提醒下能够执行一些与已有经验一致的规则。4~5岁的幼儿开始意识到自我意识和外部规则之间的差异，他们能够有意识地模仿他人的规则行为，但在执行规则时会出现两难状态，他们要么选择遵从规则，要么背离规则。5~6岁的幼儿开始理解规则并逐渐自律，他们开始关注自我需要与外部规则的协调性和统一性，能够自我反省，并自我纠正行为，对于他人的一些行为有了自己的主观判断，其自主性与规则意识的协调发展达到了一个更高的水平。

幼儿遵守规则是一个漫长的过程，实际上是幼儿对教育者制定的规则逐渐认同、接纳并最终内化的过程。这一过程需要经过两个步骤：第一步是认识规则，第二步是建立规则意识。

二、对幼儿进行规则意识教育的意义

孩子天生需要规则，这是他建立安全感、认识世界的一种工具。学前阶段对幼儿进行规则意识的培养是促进其社会化、顺利进行集体活动的重要保障，对幼儿的健全发展具有重要意义。首先，对规则的认知是幼儿社会认知发展的一个重要方面，培养幼儿的规则意识有利于促进其社会性的发展。其次，规则是幼儿建立安全感和认识世界的一种工具。规则不仅不会限制幼儿的发展，反而会给幼儿的发展带来安全感，使幼儿拥有心理的力量，使幼儿有序地和环境及他人相处。再次，规则是保证幼儿愉快生活、交往、学习的前提。规则不是限制幼儿，而是保证每个幼儿在生存环境中都能够获得爱和自由，获得尊重。最后，幼儿学习和遵守规则的过程，也是培养自制力的过程，而自制力是幼儿将来在学业、事业、心理健康、社会关系等方面发展的一个重要预测因素。

《幼儿园教育指导纲要》指出：让幼儿理解并遵守日常生活中基本的社会行为规则。《3~6岁儿童学习与发展指南》明确指出："幼儿要学习自觉遵守规则。"可见，幼儿行为规则的形成，是学前阶段的一项重要任务。家长应在这一时期抓住各种活动机会培养幼儿的规则意识，帮助幼儿形成良好的品质，促进幼儿健康发展。

三、正确处理好自由与规则之间的关系

家长要理解自由和规则之间的关系，并能在实际教育孩子的过程中平衡二者的关系。"自由"，不是放任自流，不是想做什么就做什么，而是建立在规则上的自由；"规则"，不是硬梆梆地发号施令或恐吓威胁，而是建立在人性和人格自由基础上的

规则。"自由"和"规则"可以理解为：为孩子提供自然、安全的外部环境，保护孩子的心理环境，让孩子放松地活动。在活动中，必要的规则是保证活动顺利开展的前提和基础，是协调孩子之间协作关系的一种行为准则，也让孩子在活动中更大限度地得到自由。但规则的提出绝不是成人用于制约孩子的，而是孩子在活动中把外在要求转化为内在需求的一个过程。因此，没有规则的自由是放任，没有自由的规则是遏制，这都是家庭教育不得法的表现。理想的状况是把握好规则与自由的张力，让孩子在规则中自由成长。

孩子的规则教育至关重要，规则意识的形成不仅影响孩子良好习惯的培养，也影响孩子社会性的发展。家庭教养习惯和教养方式对孩子早期规则意识的获得和形成具有最为重要和直接的影响。每个孩子都有自己的个性特征，家长在培养孩子的规则意识时不能"一刀切"，而应该根据孩子的个性差异因材施教。家长抓住孩子规则意识形成的敏感期，进行适当引导教育，就能轻松地帮助孩子建立良好的社会行为习惯。反之，错过了敏感期，孩子的行为习惯一旦形成，即使投入更大的精力去纠正，也难以达到良好的效果。

专家支招

学前阶段是幼儿规则意识形成与发展的敏感期，在这一时期对孩子进行规则教育对其良好品质的形成和健康成长具有积极意义。面对孩子各种无规则行为，家长应积极反思，采取适宜的方法引导孩子遵守规则。对于案例1中的顺顺，家长应为孩子提前制定规则，如及时收拾整理玩具，在规定的地方画画，爱护图书等；对于顺顺不按时吃饭的现象，家长应提前几分钟进行提醒，而不是打断孩子的游戏。案例2中的当当，一方面，教师应多鼓励、多提醒，变换多种方式进行引导；另一方面，教师需要向家长了解孩子在家的情况，与家庭联合起来共同帮助孩子树立规则意识，建立规矩。

一、让孩子参与制定规则的全过程

为了让孩子更好地认识、理解并遵守规则，家长应支持孩子参与制定规则的过程。家长与孩子共同制定规则，不仅是对孩子的尊重，也提高了孩子独立自主的能力和对规则的认识与理解，增强了孩子的主人翁意识，调动了孩子的积极性，还有助于孩子自觉遵守与执行规则。比如，对于案例1中的顺顺，家长可以与孩子一起商量玩具放置的地方，既然地方是孩子自己选定的，那么，孩子就会比较自觉地把玩过的玩具放在规定的地方了。家长也可以与孩子一起商量画画的地方，怎样爱护图书等，并制定违规的惩罚措施。由于孩子是规则的制定人，孩子的主观能动性被调动起来，当他在规则的管理下能够全身心投入到他喜欢的活动中、身心得到满足时，他就从中体验到了规则给自己带来的乐趣。这种快乐的体验和感受使孩子的规则意识自然而然地内化为他的自觉行为。因此，孩子会非常乐意接受相应的规则要求，逐渐学会自律。

二、制定规则要合理、恰当

规则只要合理、恰当、符合孩子的年龄特点,孩子大多是愿意执行的。如果孩子总是违反规则,家长就要反思规则本身是否有问题,是否需要进一步修改调整。例如,闹闹上幼儿园之后,为了让孩子能够早上按时起床,妈妈给闹闹规定了晚上睡觉的时间是8点,从健康的角度来说,这个时间睡觉对于孩子的生长发育是最好的。可是刚试了几天,妈妈发现闹闹经常违反规则,到了该上床的时间总是说"还没玩够呢""还没听故事呢"……闹闹从幼儿园回到家就已经6点半了,再吃晚饭、游戏、洗漱等,时间非常紧张,或者就是家人匆匆忙忙到了规定的时间还未收拾停当,根本无法按照这个时间休息。因此,每个家庭都要有适合自己家庭情况的规则,要知道规则是用来保护我们利益的,是让我们生活更舒适的,切勿照搬教条。规则必须建立在孩子充分理解的基础上,减少、摒弃"发号施令"式的规则,让规则制定着眼于孩子的发展,适宜于孩子的健康成长。

三、严格执行和维护规则

规则一经制定,就应该坚持执行,不能经常变来变去,更不可无原则地包容、放纵孩子,尤其是要抓住关键的"教育第一次"。如针对案例1中的顺顺出现扔玩具、乱画、撕书等行为,妈妈采取的是训斥、恐吓等方法,并未明确告诉孩子应该怎么做。在这个案例中,家长失败的原因在于没有立即指出孩子的错误,放过了关键的"教育第一次"。"第一次"往往印象深刻,具有导向作用。孩子第一次做错了，家长若不及时纠正，他便有可能接二连三地出错。因此，对于孩子的违规行为，要及时进行批评教育，这是让孩子学习规则的最佳教育时机，不可因为心软而纵容孩子，也不要大声训斥，更不要夸大其词地吓唬孩子，而是要冷静地给孩子讲道理，明确指出正确的做法。严格执行规则也包括家长在内，家长若能以身作则，将对孩子产生潜移默化的积极影响。比如，物归原处、按时休息、礼貌待人、自觉遵守交通规则等。要求孩子做到的，家长应该首先做到，为孩子树立榜样。

四、实施规则要灵活

规则不能朝令夕改，也不能一成不变；规则的执行应灵活，不能生搬硬套。一是允许偶尔"破例"。规则的实施不是绝对的，不能固守规则，而应根据具体情况，可以偶尔"放宽政策"，要让规则成为孩子快乐的伙伴，而不是成为包袱。例如，晚饭后孩子看完绘本想画画，孩子因第一次用水彩画画，觉得很有趣，就一幅接着一幅地画起来，眼看到了洗漱时间，还没停下来，孩子就央求父母"再画一幅就去洗漱"。类似的情况，家长就可偶尔破例一次，因为呵护孩子的兴趣远比按时睡觉更宝贵。二是实施规则要有艺术。尽量用孩子能够理解的、接受的、喜欢的方式让孩子遵守规则，而不是强制孩子。比如，案例1中的顺顺正在玩玩具，家长提醒孩子该吃饭了，就要事先告知并给予缓冲的时间。"宝贝，还有5分钟（或10分钟）就要吃饭了，请把玩具收拾好，准备吃饭"，而不是大声催促"吃饭了！快点来"。对于年龄较小的孩子,家长还要经常采用拟人化的富有童趣的口吻。如提醒孩子收拾玩具时,可以这样说"玩具要回家休息了",或者编首儿歌:"玩具要回家,宝宝要睡觉,我们一起来,把它送回家。"采用这样的方式让孩子遵守规则,亲子双方都会觉得是一种享受。三是多进行正面引导,避免太多的"不要""不可以"。比如,用"有个宝宝在睡觉,轻声地说话"代替"不要大声";用"像妈妈这样双手捧着碗"代替"不要把碗打碎了",这样的正面陈述既能给孩子轻松的心理,又能让孩子学会正确的做事方式和规则。

因此,家长要尽可能站在孩子的角度,理解孩子,知道他们需要不断提醒,而不是像机器人一样,一旦输入规则程序,就能毫无差错地执行。

五、在游戏中对孩子进行规则教育

爱好游戏是孩子的天性,培养孩子规则意识的最好方式是从游戏开始。根据孩子这一特点,家长可以通过为孩子设置一定的游戏情景来开展亲子游戏,在游戏中对孩子进行规则教育,培养孩子对规则的理解和内化,避免脱离实际的说教。例如,与孩子玩棋类游戏,如游戏棋、五子棋、跳棋等,向孩子介绍游戏的方法与规则,使孩子在游戏中理解规则,并遵守规则,培养孩子的规则意识。再如,和孩子一起玩"公共汽车"的游戏时,家长可有意识地培养孩子遵守交通规则,使孩子知道红灯停、绿灯行以及乘坐公交车要遵守前门上车、后门下车等规则。和孩子一起玩"小商店""小餐馆"等角色游戏,让孩子在预先想象好的角色中学会模仿角色，进而遵守情景中的社会规则。将孩子的规则学习融入游戏之中，在这种角色游戏中，孩子将模仿日常生活中人们的语言、行为，体验人们遵守社会规则的感受。经过反复不断的游戏，孩子将学会在特定场所的礼仪和规则，并逐渐在实际生活中遵守这些规则。

六、后果惩罚促使孩子遵守规则

后果惩罚法是指当孩子有过失行为时，家长不是去人为限制孩子的自由，而是用过失产生的后果去约束孩子的自由，从而使孩子明白其危害，并下决心不再犯的方法。这是一种比较有效的培养孩子规则意识的方法，它能帮助孩子理解和内化规则，进而有效控制自己的行为。例如，案例1中的顺顺，如果妈妈提前几分钟提醒顺顺吃饭时间到，给予顺顺结束游戏的时间，但顺顺依然不睬，妈妈就可以收走饭菜，让顺顺挨饿。倘若孩子反复或者故意违反规则，这时，家长可以按照双方事先约定好的惩罚措施对孩子进行惩罚，如减少孩子玩游戏的时间，取消周末去游乐场的活动，暂时将孩子隔离（到反思角反思）等。在执行惩罚初期，孩子容易出现抗拒、生气、哭闹、肢体反抗等反应，此时，父母切不可打骂孩子，也不可心软放任，而应态度坚决、坚持原则，家长可用坚定、冷静的眼神正视孩子，等他激烈的情绪及行为反应缓和下来，再让他平静地接受惩罚。惩罚措施要根据孩子的年龄而定，以暂时隔离来说，原则上隔离的时间是每1岁增加1分钟，例如，4岁4分钟，5岁5分钟。惩罚结束后，待孩子情绪平静时，家长再跟孩子聊聊被惩罚的原因、双方的心理感受等。家长要注意，适当的惩罚是必要的，但这种惩罚要有限度，要符合孩子的年龄和认知特点，要与讲道理结合运用。

七、家园共育帮助孩子形成规则意识

幼儿的规则意识教育是一个长期的工作，需要幼儿园老师与家长配合一致并且坚持不懈地执行。家长要坚持和幼儿园的教育理念相一致，将孩子在幼儿园学到的良好行为习惯应用在家庭生活中。比如，孩子在幼儿园吃完饭自觉送碗并漱口、清理桌面，在家中，家长也应做出这样的要求，鼓励孩子保持这样的好习惯。孩子能够在幼儿园自己主动洗手、穿衣服等，在家中同样要给孩子这样的机会。千万不能在家中随意纵容孩子，致使孩子在幼儿园是遵守规则的好宝宝，回到家却是另一番表现，从而成为家长头疼的"两面派"。因此，家长应与班级老师经常沟通，了解幼儿园的教育内容，知晓孩子在园的状况，做适当有效的家庭延伸，取得教育的一致性和连续性。例如，案例2中当当的行为表现，老师就需要和家长及时取得联系，了解孩子在家的表现，提醒家长注意培养孩子遵守规则，进而采取措施帮助当当建立规则意识。总之，在孩子行为习惯的培养上，只有做到有效的家园沟通，执行并维护幼儿园的某些常规制度，家园配合，协调一致，始终不渝地坚持下去，才能使新习惯在孩子身上根深蒂固。

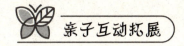
亲子互动拓展

一、宝宝奖励榜

每周制作一份"奖励榜",在每天的日期下面留空格,贴上孩子获得的奖励小贴画。在日常生活中,根据孩子的表现,针对好的行为及时强化鼓励。如自己穿衣穿鞋,饭前自觉洗手,吃饭保持桌面干净,吃饭不拖拉,按时起床睡觉,看书认真,自己收拾玩具,主动向他人问好,等等。当孩子有好的行为表现时,以奖励贴画的形式对孩子进行鼓励,请孩子自己将贴画贴在对应的日期下面,比一比哪一天获得的贴画最多。

二、亲子游戏:五子棋

家长和孩子一起下五子棋,爸爸妈妈可以先对战示范一局,让孩子初步了解游戏的方法与规则,尤其是输赢的规则。然后,爸爸或妈妈与孩子一起玩,提前讲清楚输赢的规则,以及对赢者的奖励和对输者的惩罚,并与孩子一起遵守规则。在多次游戏中,孩子逐渐理解并遵守规则。

三、设置反思角

在家里的某个角落设置反思角。当孩子多次或故意违反规则时,请孩子到反思角进行反思。反思时间根据孩子的年龄特点而定,如3岁3分钟,4岁4分钟,5岁5分钟,6岁6分钟。反思结束后,请孩子说一说自己的行为错在哪里,应该怎么做,告诉孩子

"爸爸妈妈很爱你,但你刚才的行为是不对的",并再次强调应该怎么做。

四、小小管理员

引导孩子认识家中各个房间的各类物品,并了解各个物品应该摆放的位置;与孩子制定"物品摆放条例"的相关规则,即什么东西应该放在什么地方。请孩子担任家庭物品管理员,监督包括自己在内的各个家庭成员是否能够做到物归原处,如有人违反这一规则,就要进行惩罚。

五、亲子绘本阅读

绘本《汤姆挨罚》讲的是汤姆在幼儿园抢小朋友的玩具,破坏别人的游戏,甚至还拿积木扔自己的好朋友……汤姆做了许多违反规则的事情,结果汤姆挨罚的故事。家长可以和孩子一起阅读这本书,交流并讨论一些关键问题,如:"汤姆做了哪些事情?""汤姆为什么挨罚?""挨罚的心情怎样?""如果是你,你会怎么做?"家长还可以和孩子一起玩角色扮演游戏,让孩子进一步体验角色情感,理解规则并遵守规则。

图书:

1. 宝宝这一年:3岁,规则意识建立关键期.侯魏魏著.
2. 孩子的成长 妈妈的修行.云香著.

3. 好妈妈不吼不叫给孩子立规矩. 鲁鹏程著.

4. 规矩的背后是自由. 卢丹丹著.

5. 左手爱孩子 右手立规矩. 静涛著.

微信公众号：

1. 游戏与儿童早期发展

2. 育涵文化

第四章　正确对待孩子的逆反心理
——孩子爱唱反调

不听话是这个年龄段孩子坚持自我的方式。

——[美]苏珊娜·阿尔斯·德纳姆

如果我们用正确的发展方法给孩子全部的自由，叛逆便没有理由存在，它的消失也没什么稀奇。

——[意]玛利亚·蒙台梭利

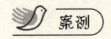

案例1：爱唱反调的毛毛

毛毛3岁半了，以前特别听话，可是最近他总是喜欢和大人唱反调，你说东他往西，嘴里也是反话连篇。比如，妈妈叫他吃饭，他似乎没听见。妈妈说："宝贝，再玩2分钟，要吃饭了。"他头也不抬，说："我要玩，就不吃饭。"毛毛拿来颜料画画，妈妈叮嘱他："小心点，不要把颜料洒在地上。"等一会儿，妈妈进来一看，地上、身上洒得都是颜料。雨天，全家人急着要出门参加一个聚会，妈妈帮他拿来了雨靴，他却叫着"我不穿"，而要穿带网眼的鞋子。眼看晚上9点了，妈妈说："宝贝，准备洗漱睡觉咯！"毛毛却吵着要下楼玩雪："我不睡觉，我要去玩雪，就玩10分钟！"类似的情形几乎每天都在上演，妈妈说毛毛简直快成为让人头疼的问题小孩了。

案例2：执拗的彤彤

彤彤4岁5个月。彤彤的妈妈说："彤彤的脾气特别大，不让干什么偏要做，动不动就发火、摔东西、哭闹、撒泼，怎么哄都不行！"看到妈妈在厨房做饭，她也跑进去动动这摸摸那，妈妈让她出去玩，彤彤却说："我也要做饭！"妈妈拿来几个鸡蛋打开，准备煎鸡蛋，彤彤也跃跃欲试："妈妈，我也要打鸡蛋！"还没等妈妈开口，彤彤拿起鸡蛋学着妈妈的样子，朝着碗边使劲一敲，结果彤彤太用力，鸡蛋液都洒在灶台上了，她还高兴地用手指搅和着蛋液，在灶台上"画画"呢！妈妈生气地冲她大吼"看看你把鸡蛋弄洒了吧！不让你动你非要动！真是不听话"，说着就把彤彤强拉到了一边。彤彤大哭起来，双手抓着洒出来的蛋液，使劲地往地上甩，弄得满地狼藉……

孩子在这一时期的独立意识明显增强，自我意识的内容逐渐丰富并进一步发展，有时会产生逆反心理和行为。如案例1中的毛毛，出现"不"字当头、反话连篇等诸多与家长唱反调的现象，这是孩子自身发展到一定时期必然出现的特征，也是孩子健康成长的正常表现。案例2中的彤彤则是由于好奇心、探究欲强引发了种种"固执"行为。家长应注意观察、分析、识别幼儿的行为，倘若孩子的逆反行为表现过于严重，这与家庭教育的方式有关，家长应反思自身的教育行为，分析孩子逆反的原因，因势利导，帮助孩子顺利度过逆反期。

原因分析

随着孩子年龄的增长、社会性的不断发展，每个孩子都要经历逆反期，有的孩子的逆反行为表现较为明显，有的孩子表现不明显。家长应注意在日常生活中观察孩子的言行，认真思考，分析孩子出现逆反行为的原因，进而采取有效的策略引导孩子健康发展。

一、孩子自我意识的发展

从2岁以后,随着孩子身体动作和心理的发展,孩子初步认识到作为个体的"我"以及"我"的力量,自我意识明显增强,他们开始拒绝成人的命令、要求和帮助,事事要"我自己来",开始对父母的管教说"不",心理学上将这个时期称为第一反抗期。在案例1中,毛毛的表现正是孩子处于反抗期自我意识发展的表现,他想按照自己的意愿行动,不愿受到成人的约束,于是出现"不"字当先,成为家长眼中的"小倔驴""执拗仔"。这些现象都是因为孩子产生了独立性需求,希望自己的行为得到认同,希望自己的探索活动不受限制或干涉。如果这个时期,孩子受到家长过多的管教与约束,他们的反抗行为将表现得更为突出。因此,家长若用简单压制的方法对待孩子的逆反行为,将不利于孩子的成长。

二、孩子的好奇心未得到满足

3岁左右的孩子探索欲特别强,世界对他们来说充满着神秘和惊奇。无论什么事物,他们都要问问、玩玩、摸摸,经常会做出一些成人难以理解的事情,甚至"闯祸"行为。如案例2中的彤彤,看到妈妈做饭,自己也执意要做饭。再如,有的孩子担心小鱼受凉就往鱼缸里面倒温水,在卫生间开大水龙头是想制造瀑布。如果家长不了解孩子的好奇心,认为这是胡闹,不问缘由地对孩子进行打骂,就会很自然地引起他们的不满情绪,从而使孩子产生反感,导致孩子的反向行为,"你不让我干,我偏要干,看你把我怎么着"。如案例2中，彤彤出于好奇，要尝试自己打鸡蛋，但动作不娴熟，使得蛋液洒了，用蛋液画画，却又遭到妈妈的呵斥，最终使得孩子大发脾气。因此，简单粗暴地对待孩子的逆反行为只会加剧孩子的逆反，同时，也可能会打消孩子对周围事物的探索兴趣。

三、孩子渴望自由自主

有的家长对孩子的教育采用包办代替的方式，把孩子的一切都安排得井井有条，包括饮食起居。这样的家长希望孩子按照自己的意愿来发展，常常把自己的想法强加在孩子身上，却从来不问孩子的想法，只允许孩子执行，不允许孩子反抗，更不允许孩子辩解。倘若孩子坚持自己的想法，违背了家长的意愿，便给孩子扣上"不听话"的帽子。生活在这类家庭中的孩子经常会为了捍卫自己的想法而有意识地同家长对抗。这样的"反调"，都来自孩子对限制和束缚的反抗。孩子到了这个年龄段，自我意识增强，所以不想再听从父母的指手画脚，反而会因为可以自己做决定而感到自豪和满足。他只是想证明，自己是一个独立的个体，想证明"我长大了""我能行"，想得到肯定。如果家长在这个时候还不自省，反而强化对孩子的控制，只会让孩子更加逆反。

四、家长对孩子过分溺爱

有的家长对孩子过于宠爱，认为这一年龄段的孩子还小，表现出反抗行为和固执意见对将来影响不大，无须及时处理。或是由于有些孩子身体较弱、容易生病，或是因为孩子是独生子女，在家中是众星捧月的"小皇帝"或"小公主",家长对其呵护备至、过分顺从,对孩子的要求无条件、无原则地满足,致使孩子稍不如意就闹情绪、耍脾气。例如,孩子大半夜要吃零食,家长就应允;孩子不想去幼儿园,家长就在家陪着;孩子不高兴,一家人轮番上阵又哄又陪。诸如此类,家长对孩子的无理要求往往予以妥协让步,任其发展,这样非但不利于孩子逆反行为的改善,反而会进一步强化其逆反行为。孩子将时时处处挑战家长的心理底线,这样下去会使孩子形成执拗、任性、以自我为中心的不良个性,并且难以适应外界环境,影响孩子的社会性发展。

五、家长对孩子命令太多

逆反期的孩子自尊心很强,然而,有的家长在教育孩子的过程中,很少考虑孩子的自尊心,甚至不尊重孩子的人格,往往习惯以恐吓、责罚、镇压等类似手段强迫孩子服从自己的意愿,对孩子居高临下,在孩子面前简直就像独裁者,只要张口就是在下达命令。这样的教育方式长期下去,压抑了孩子的天性,会让孩子形成两种极端,要么过分顺从、没有自己的主见,要么过分逆反、产生这种心态:"妈妈总是在命令我,我就经常故意和她对抗。"就如案例2中的彤彤,当妈妈以训斥的方法制止她的行为时,彤彤故意把蛋液洒在地上以示抗议。因此,若家长常常对孩子采用强硬、专制的方式,将会使孩子学会以暴力方式对待身边的小朋友,从而影响他的社会性的发展。

六、家长遇事过于唠叨

"快点吃，不要撒饭，不要磨蹭！""吃饭的时候不能玩，别乱动！"孩子在做事情的时候，家长一会儿说要注意这儿，一会儿说要注意那儿，事无巨细地提醒孩子，还唯恐孩子听不进去，不断重复、喋喋不休、唠叨个没完。可是当你唠叨的次数越来越多时，孩子也会慢慢关闭自己的耳朵，甚至唱反调，这就是心理学上的"超限效应"：如果外来的刺激过多、过强或作用时间过久，就会让人厌烦，甚至产生逆反心理。同时，你的反复提醒和唠叨，让孩子感受到的可能是批评和指责，这也会在无形之中增加孩子的厌烦心理和抗拒情绪，他们即使知道家长说得有道理，也不愿意听。

七、孩子渴望被关注

家长有时忙于自己的工作或者交际，而忽视了孩子，冷淡了孩子。由于家长与孩子的交流太少、对孩子陪伴太少，亲子之间缺乏感情沟通，致使孩子对亲情的需求得不到满足。孩子感到自己备受冷落，对家长充满了怨恨和敌意，于是就会通过一些"反常行为"故意与家长作对，引起家长的注意。有这样一个案例，爸爸妈妈带着威威一起参加朋友聚餐，这时，大人们忙于聊天，而没有人理睬身边的威威，威威觉得受到冷落，就故意将筷子扔在地上，还赌气不吃饭，妈妈赶紧抱起威威哄劝……倘若这种情况多次出现，慢慢地，孩子经过多次试验就会发现：当他们反抗的时候，当他们和家长对着干的时候，家长的目光聚焦在自己身上的时间最长。于是，孩子就会喜欢上这种因反抗而被关注的方式。所以，有时孩子唱反调是为了引起家长对自己关注，为了证明自己的力量，确认自己的身份。基于此，家长应多关注孩子的情绪变化，学会和孩子及时沟通。

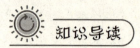
知识导读

　　自我意识是主体的我对自己，以及自己与周围事物关系的认识，尤其是人我关系的认识。自我意识包括自我认知、自我体验、自我调控。自我认知又包括自我概念和自我评价。自我意识是个性的重要组成部分，是衡量个性成熟水平的标志，是整合、统一个性各个部分的核心力量，也是推动个性发展的内部动因。

一、认识幼儿的自我意识

　　2~3岁的幼儿逐步学会使用代词我、你、他，会用第一人称"我"来代表自己，这是幼儿自我意识萌芽的重要标志。从此，其自我意识真正进入实质性发展阶段。从3岁后，随着幼儿动作和认知能力的显著发展，他的探索欲和自我主张越来越强烈，其独立性和自主性更强，做什么事都有强烈的自我主张。对于"好孩子"与"坏孩子"有了意识，自我意识进一步发展并逐步形成。由于幼儿的年龄特点，他们依然没有摆脱"自我中心"，当成人的评价与自我评价不一致时，就会发生冲突。如果教育引导不当，孩子就会产生逆反心理，行为上表现得倔强固执，与家长唱反调等。在这一时期，孩子总有自己的想法，并坚持自己的行为，这说明孩子长大了，需要自由意志。一方面，这是孩子的自我意识发展了；另一方面，这刚好也是塑造孩子人格的敏感期。从生理和心理发展的角度看，这种"逆反"的表现是孩子社会性发展过程中的一种正常现象。逆反期是阶段性的，家长如能引导有方、处理得当，孩子就能顺利度过这一时期，且有利于其良好个性的形成。

二、了解幼儿逆反行为的表现特点

（一）喜欢独立自主活动

处于逆反期的孩子，自我意识开始发展，独立活动能力也逐渐增强，他们喜欢自己的事情自己做，什么事情都要亲自尝试，喜欢自主支配活动，不希望受到父母的干涉。即便是有些行为活动超出了其现有的能力范围，他们也想尝试自主活动。在这期间，孩子开始发现自己的能力和力量，发现自己能做选择，能够影响别人的情绪，发现自己不再是一个言听计从的小孩了，可以有自己的主见和想法了，于是开始对一些事物提出自己的质疑，大胆探索周围的一切事物。

（二）倔强固执，情绪反应激烈

这一时期的孩子，一反过去的安静、听话、依赖家长的状态，转而变得固执、任性起来，要求摆脱父母的约束，拒绝父母的要求或帮助。对于父母的管束和要求故意对抗，表现出执拗、任性等特点，如果受到限制或禁止，他们就会产生反抗情绪或反抗行为。他们想要做的事坚决要做到，否则，就大哭大闹，甚至在公共场合坐在地上耍赖,倘若自己的愿望没有得到满足,就出现破坏行为,如摔东西、拆玩具、乱写乱画、撕书、故意扔玩具、打人等。

(三)挑战规则和权威

逆反期的孩子主观能动性增强,思辨能力大大提升,善于察言观色,他们意识到自己有能力影响他人,往往对成人的一些言行提出自己的看法,并且开始运用这个力量去挑战成人的权威,攻破成人的心理底线,测试自己的能力边界。例如,故意破坏之前定好的规矩,层出不穷地提出新要求,和父母讲条件,要达到要求才肯做事,甚至采用一些方法威胁父母,不达目的不罢休。

(四)好奇心很强

处于逆反期的幼儿,对一切事物都有浓厚的兴趣,有强烈的好奇心和探究欲,总想自己动手摸一摸、试一试,喜欢问问题,什么事情都要弄个明白、探个究竟,这是孩子认识世界的方式。于是,孩子常常不顾成人的监管,去尝试探究周围的各种事物,并且满足于这样的体验过程。

孩子会叛逆,恰恰说明,孩子的发展是正常的,其自我意识成长了,他开始向独立个体迈进了。这个变化是一个正常的发展过程,只要父母正确引导,处理得当,孩子将会更加健康地成长。家长在教养方式上既不能放任,也不能压制。如果管束太严,孩子没有足够的自由,就会反抗得更厉害。如果对于孩子的反抗行为极力压制,将会使孩子产生强烈的受挫感、自卑感,甚至对自己进行过低的评价,做事缺乏自信心和主动性。而放任孩子的逆反行为，容易使孩子形成以自我为中心的不良个性，从而变得任性、偏执。

幼儿期的孩子独立意识增强，会出现一些逆反言行。针对不同情况，家长应采取适宜的教育策略进行引导。如案例1中的毛毛，喜欢说反话、自己做主等，这是孩子自我意识发展的表现，家长应因势利导，适当满足孩子的需求，为孩子提供自由自主的机会。案例2中的彤彤由于好奇心强，急于尝试各种活动，基于此，家长应及时满足孩子的探究欲，否则就会引发孩子的负面情绪，甚至对抗行为。因此，家长应认真观察孩子的行为，分析原因，进而采取有效的引导帮助孩子度过逆反期。

一、正确认识孩子的逆反心理

家长应该认识到，逆反心理是孩子自我意识觉醒、试图争取独立的一种表现。作为一种好奇心、探索欲、独立意识，适当的"逆反"是孩子成长的标志，孩子的"反抗"行为正是促进他们能力发展的心理动力。就如案例1中的毛毛要求穿网眼鞋，睡前非要去玩雪等，这是孩子独立意识增强的表现；案例2中的彤彤想要尝试自己打鸡蛋，这是孩子好奇心强的表现。因此，家长应及时抓住这一时机对孩子的某些行为给予适当的引导，以促进孩子自我意识的形成和动作技巧、能力的发展。家长不应该做出过度的反应，压制和放任都是不可取的，而是应该积极理智地面对，认真分析孩子出现逆反行为的原因，是孩子身心发展的结果，还是由于家长的教育方式不当，进而采取适宜的策略。原因若是前者，则要理解并接纳孩子的情绪与行为，因势利导培养孩子的自我意识；原因若是后者，家长就要反思自己的教育方式并进行调整。

二、与孩子建立民主平等的关系

家长要看到反抗期的孩子正在成长，应充分尊重孩子，与孩子建立一种亲密的、平等的朋友关系，抛弃家长权威，蹲下来和孩子说话，真正把孩子当成一个有自己的尊严、有自己的情感、有独立思想和独立追求的人。当发现孩子有消极情绪或逆反行为时，应设法了解原因，可耐心地问孩子"可以告诉妈妈你为什么不开心吗"，鼓励他讲出自己的感受，引导孩子用合适的方式宣泄不良情绪，再与孩子一起寻求解决的办法。当需要做出一些选择或决定时，采用商量的语气征询孩子的意见，而不是直接要求孩子服从家长。尽可能在家里营造出足够的民主气氛，让孩子感受到尊重，这样，孩子才会自尊自信。要相信，你越是民主，孩子越会理解、信服和认同你；反之，你越是压制、强迫，孩子越发不尊重你，还会进入为了反抗而反抗的无限循环状态。

三、坚守自己的底线，也给孩子建立界限

尊重孩子并不意味着不给孩子任何约束。首先，我们要有意识地教会孩子掌握一定的行为规则。在生活中，引导孩子分辨对与错，知道哪些该做、哪些不该做，哪些是好的行为、哪些是

不好的行为，等等。其次，面对孩子的无理取闹，家长一定要坚守住底线，保持平静，孩子再哭闹也不能妥协。比如，孩子看到好吃好玩的就要买，超长时间看电视等。即使孩子撒泼打滚，家长也不能动摇，且要控制好自己的情绪。如果家长发火，孩子会觉得撒泼是有效的。再次，适当进行"冷处理"。面对孩子哭闹、任性撒泼行为，可以根据情况采取冷处理的方法，千万不能"硬碰硬"；否则，只会火上加油，把事情弄得更糟。家长可让孩子发泄一会儿，等孩子发泄完安静下来再教育。这样，他就知道自己的无理取闹是不能控制别人的，并且知道这件事情是不能做的，行为界限感就会一点点地建立起来。有界限感的孩子更有自信，也更有安全感。那些被纵容的孩子，内心其实是虚弱的、没有安全感的，所以才会不断挑战家长的底线来获取关注。

四、给孩子探索世界的自由

给孩子的发展创造一个宽松、自由、和谐的环境，不过分限制孩子，以预防或减少孩子逆反心理的产生。幼儿期的孩子在好奇心的驱使下，什么都想去试，什么都想去做。过多的限制会使孩子失去许多学习探索的机会，其内心将是焦躁、混乱的，也就容易和家长对立起来。比如，案例2中的彤彤之所以出现妈妈所说的爱发火、摔东西、哭闹撒泼等现象，可能是好奇心、探究欲没有得到满足而造成的。因此，家长可以为孩子设立一定的界限：只要不是错误的、违规违纪的，都可以让孩子积极地去探索和尝试。比如，孩子想玩水、想自己做点心、想捣鼓小实验，在确定孩子安全的前提下，都可以让孩子自由地尝试。就如案例2

中彤彤用蛋液"画画"时，如果妈妈能够以欣赏的目光来看待孩子的即时"创意"，那么，孩子一定不会大哭，也不会出现后来的故意对抗等行为，可能还会有意想不到的惊喜。因此，当家长能够满足孩子的好奇心和合理的要求时，孩子的身心都得到了释放和舒展，活动经验也变得更加丰富，还体会到了不同的快乐，自然不会与家长作对。

五、巧用游戏引导孩子的行为

家长可利用孩子爱游戏的心理，通过轻松的亲子游戏引导孩子的正确行为。一是通过"角色换位"游戏引导孩子学会换位思考，从而矫正孩子的行为。让孩子扮演家长，家长则扮演孩子不听话、耍赖皮的样子，并提出一些不合理的要求，看孩子怎么处理，之后问问孩子"你感觉怎么样？"，然后做出正面的示范。通过角色扮演，让孩子体会自己的"不良"行为给别人带来了什么感受，造成了什么影响。二是与孩子开展竞赛游戏。与孩子比赛，比比看谁做得快、做得好。例如，孩子不愿意吃饭的时候，家长就可以采取和孩子比赛的方式。孩子的好胜心被激发，也就积极吃饭了。在游戏中，抓住孩子好胜心强的心理，可有意让孩子赢，增强其自信心，激发孩子更乐意做、做得更好的决心。

六、善用艺术化的话语与孩子交流

有时孩子产生逆反情绪、频频说"不"，可能与家长的说话方式有关，家长应根据具体情况采用正面肯定的话语引导，善用艺术化的语言与孩子沟通。

一是不要问孩子"好"还是"不好",而是直接用肯定的语气告诉孩子该做什么。"把鞋穿上,好不好?""把玩具收起来,好不好?"之类的话等于是给孩子不断说"不"的机会,对于这些养成孩子良好行为习惯的事情,只需要正面地告诉孩子:"请你把鞋子穿好""玩具也要回家了,请把玩具收整齐"等,这样才能让孩子明白和理解基本的行为规则。二是不要进行反问"你为什么又……""你怎么总是……",而是用陈述句告诉孩子应该怎么做。"你为什么老是吃饭撒饭""你怎么又不收拾玩具"这样的话是在抱怨孩子,也会强化孩子的不良行为。三是不宜用否定性的、命令式的语言,减少对孩子说"不"。"你不许……""不要……""你不能……"这样的口吻,带有命令感,会让孩子产生厌烦或抵触心理。家长应尽量用正面话语并搭配动作示范告诉孩子要怎么做。将"不要在墙上画画"换为"来,宝宝,在画板上画画会更有趣哦"这样的表达,孩子能感受到你对他的尊重。相反,你越是强硬地命令,孩子就越是想要反抗,会让事情陷入更加糟糕的境地。

七、给孩子合理的选择权

给孩子一定的选择权,会让孩子对自己充满信心,并且更积极地回应家长的要求。比如,当你想让孩子穿好鞋时,如果你说"宝宝,穿鞋喽"或者"来,把鞋穿上吧",孩子极有可能会说不穿。这个时候,家长可以给孩子两个选择,比如,"你想穿红色的鞋还是黄色的鞋"。那么,孩子就会做出选择:"我要穿红色的鞋。"又如，将"现在我们要睡觉了"换成"你是想现在睡觉还是想看完这集动画片再睡"。这样，既给孩子划了一个范围，又满足了孩子自己做主的要求，而且是孩子自己的选择，孩子也会很乐意。对于家长来说，既没有让孩子太随心所欲，又没有和孩子起无谓的争执。因此，通过给孩子一些合理范围的选择，孩子会感受到自己是被尊重的，并且是拥有一定权利的。

八、放手让孩子做一些力所能及的事

学前阶段的孩子总想体现自己"我能行""我很能干"的愿望，对身边的一些事情跃跃欲试，这是非常可贵的。那么，家长就应该尊重孩子的独立性需求，给孩子创造条件，鼓励孩子去尝试。如案例2中的彤彤看到妈妈做饭，也想尝试，这时，妈妈就可以鼓励彤彤做一些力所能及的事情，比如择菜等；当彤彤要求打鸡蛋时，妈妈可以先给孩子示范，然后适当辅助让孩子自己尝试，而不是阻止她。因此，家长可在生活中给孩子分配一些简单的任务，在保证安全的前提下，让孩子自己动手，满足孩子的好奇心和独立意识。比如，孩子看到妈妈洗衣服，也想动手，就可以让孩子洗洗自己的小毛巾；打扫卫生时，可以让孩子擦擦桌子、扫扫地；做饭时，可以让孩子择菜、洗菜。这样的活动有助于培养孩子初步的生活自理能力和力所能及的家务劳动能力。同时，家长应善于发现孩子的长处，根据孩子的能力和特点，放手让孩子去做一件事，并及时给予鼓励和表扬，这样既可以促进孩子自我意识的发展，也可以提高孩子的动手能力。

九、转移孩子的注意力

如果孩子一直说"不",任何道理都完全讲不通的时候,家长千万别急躁,毕竟孩子年龄还小,对于讲道理的接受程度不一样。家长可以利用孩子注意力易分散、易被新鲜事物吸引的心理特点,把孩子的注意力转移到新奇、有趣的物品或事情上。比如,给孩子喜欢的玩具、抱孩子看看窗外,或者带孩子出去玩,使他暂时忘记刚才的情绪,从而关注起另一件事情。通常,这个方法对大多数年龄较小的孩子来说是比较有效的。有些时候,孩子非要任性地做一件事时,也只是出于一时的冲动心理,家长没必要一直在这件事上跟孩子较劲,可以通过别的事悄悄转移孩子的注意力,孩子就会不自觉地忘记自己刚刚的想法。

亲子互动拓展

一、心情小屋

可以在家里用大纸箱做一个心情小屋,里面画上温馨的图案,放上柔软舒适的靠背、坐垫,放一些孩子喜欢的玩偶,以及一些绘画用的纸、笔等材料。如果孩子情绪失控、大发脾气、哭闹不止,你一时难以和他沟通,可请他到心情小屋里坐一会儿,给孩子一个独处的空间,孩子可以对着自己心爱的玩偶倾诉心中不满的情绪,也可以用画笔画出心中的烦恼,等等。家长可待孩子情绪稳定下来后再和他交流。

二、说说心里话

每天晚上睡觉前,营造亲子交流的温馨时光,和孩子说说心里话。主要谈论今天开心的事情,也可以说说不开心的事情,不仅鼓励孩子说,妈妈或爸爸也要说一说。家长要注意,应平等地、发自内心地与孩子进行朋友式的交流,可对孩子所说的事情进行共情。如听到孩子说开心的事,家长可以回应"听上去确实让人兴奋"。听到孩子说不开心的事情,家长可以回应"这确实让人感到难过"。不对孩子所说的事情过多地评价,让孩子感受到放松,这样才能让孩子愿意与父母畅所欲言。

三、编故事教育

针对孩子的逆反行为进行分析,了解这种行为背后孩子的心理需求是什么,然后对症下药编故事。比如,孩子打人,可能是想获得更多的关注,或者是环境变化给孩子带来了心理压力,可将孩子的这些需求编进故事中。(注意:要让孩子做故事的主人公,使孩子在听故事时产生心理共鸣。)在晚上睡觉前,给孩子讲故事。

四、亲子绘本阅读

《我不!我不!》是关于幼儿自我意识敏感期教养的系列绘本,切合幼儿的身心发育。书中的故事滑稽幽默,又蕴含着寓意,没有一丝说教,能让孩子对自己的行为展开思考,促使孩子自主、自发地养成良好的习惯和健全的品格。家长可以和孩子共读绘本故事,利用故事中的人物对孩子进行教育,还可以与孩子进行绘本故事表演,加深孩子的体验。

五、我是好宝宝

制作一份"好宝宝奖励榜",对孩子生活中的具体行为进行评价,当孩子有好的表现时,就奖励一朵小红花或是孩子喜欢的小贴画。每天晚上,让孩子检查奖励榜,引导孩子自己说一说获得每个奖励的原因是什么,从而使孩子的好行为得到强化。

六、角色游戏——过家家

家长和孩子互换角色,玩过家家的游戏,由孩子扮演爸爸或妈妈,爸爸或妈妈扮演孩子。爸爸或妈妈有意地把孩子平时容易出现的逆反行为表现出来,让孩子尝试处理,使孩子充分体会到反抗行为给他人带来的感受,从而使他们在实际生活中逐渐收敛、矫正自己的行为。

图书:

1. 叛逆的孩子这样管. 却咏梅著.

2. 图解儿童逆反心理. [英]米里亚姆·恰恰姆著. 郑莹译.

3. 父母新知:理解孩子的坏脾气. 闻少聪著.

4. 如何读懂孩子的行为. [英]安吉拉·克利福德·波斯顿著. 王俊兰译.

5. 和孩子划清界限：成功训育儿童自律的法宝. 小巫著.

6. 如何说孩子才会听 怎么听孩子才肯说. [美]阿黛尔·法伯，[美]伊莱恩·玛兹丽施著. 安燕玲译.

电影：

《地球上的星星》

第五章　让孩子从小爱上阅读
——孩子不爱看书

只有读书，才能引发满足好奇心之后的惊喜；只有读书，才能为人打开丰富的精神世界。

——[苏]瓦·阿·苏霍姆林斯基

阅读虽然不能改变孩子的命运，却可以改变孩子的性格；阅读不能改变孩子人生的起点，却可以改变孩子人生的终点。从小养成阅读的习惯，对于孩子一生的发展都具有重要意义。

——[英]赫伯特·斯宾塞

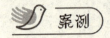
案例

案例1：不爱看书的小米

小米的妈妈在小米出生前，就为她购置了全套的绘本版安徒生童话、格林童话、张天翼童话、巴金童话等，她把著名的儿童文学作品几乎全买了。可是现在女儿3岁了，她却发愁地说，小米根本不喜欢看这些书，也不喜欢听她读这些故事。刚开始的时候，小米还会依偎在她身边看看听听，可过不了多久，小米就不耐烦地跑开了。一心想培养孩子阅读习惯的妈妈很是苦恼，不知道怎样才能让孩子爱上阅读。

案例2：屏幕比书更有吸引力

丁丁5岁半了，爸爸妈妈均是某厂的职工，平时工作繁忙，丁丁主要由老人带。丁丁的父母也很重视孩子的教育，眼看孩子已经上大班了，为了让孩子将来能适应小学，他们为孩子买了很多书，也经常催促孩子多看书。可是爸爸妈妈发现，丁丁对书似乎不感兴趣，每次草草翻翻就结束了。比起书来，他更喜欢打开电视或iPad。在家里守着电视能看1个小时甚至更长时间，可是看书看不了几分钟就不看了。

在培养孩子阅读习惯的过程中会遇到各种各样的问题，家长应悉心观察孩子的表现，静下心来进行反思和分析。案例1中的小米不喜欢阅读，可能是因为对妈妈买的书不感兴趣，这些书超出了小米的理解能力。案例2中的丁丁对阅读没有兴趣，一方面是因为家长对孩子的引导方法不当，简单地催促不能激发孩子的兴趣；另一方面是电视、平板电脑等电子产品的影响。因此，家长不要轻易给孩子贴上不爱看书的标签，家长对孩子的评价和态度可能会无形中影响孩子阅读的积极性。家长应意识到，不爱看书只是孩子的一个行为表象，关键是家长要从自身入手，客观分析孩子不爱看书的原因，采取科学的方法引导孩子爱上阅读。

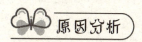原因分析

一、阅读材料不适宜

很多家长爱看书，家里也买了不少书，可孩子偏偏不爱看书，原因可能在为孩子置办的书籍上。如案例1中小米的妈妈虽然为她购买了丰富的图书，这些书也很经典，但不符合孩子的阅读特点，也就很难激起孩子的阅读兴趣。所以说，如果家长选购的图书是孩子不喜欢的，或者超出了孩子的理解力，孩子就很可能没有兴趣阅读，也就可能拒绝阅读；反之，好的阅读材料可以调动孩子的视觉、听觉、触觉、嗅觉等多种感官，唤起孩子的阅读热情，甚至对孩子的阅读兴趣产生决定性的影响。图画语言比文字符号更加直观，更加符合孩子形象思维的特点，更能激发孩子的阅读兴趣。绘本，是一种适合低龄儿童阅读的，以图画为主、文字为辅，甚至完全没有文字而全是图画的书。它适合这个年龄段的孩子，能唤起孩子阅读的欲望，对孩子的成长有着独特

的、不可替代的教育价值。因此，图文并茂的图画书是最适合孩子阅读的材料。

二、家中缺乏阅读环境

一味地想让孩子爱上阅读，而家中却没有阅读的环境，是不可能培养出孩子的阅读兴趣与习惯的。这里所说的环境，不仅是拥有优越的适合孩子阅读的物质环境，更重要的是有父母与孩子阅读的精神环境。给孩子买很多的书，把房间布置成书的海洋，这仅仅是硬件的配备；家长自己每天坚持阅读，并陪伴孩子阅读，这是软件的设备。如案例2中，丁丁的父母虽然为他购买了很多书，而父母却忙于工作，没有时间陪伴孩子，因此无法让孩子真正爱上阅读。一个父母从不读书的家庭，孩子也很难知道阅读为何物，更无法体验到阅读的乐趣，因此也就无从爱上阅读。其实，每个爱读书的孩子背后，通常会有一个"书虫"家长。然而，很多家长在要求孩子每天读书的同时，自己却变成了一个远离图书的人。试想一下，当孩子看到父母的眼睛时时刻刻盯着屏幕时，当孩子看到父母一有时间就闲聊、打麻将时，他怎么可能爱上阅读呢？因此，家长不仅要为孩子创造一个阅读的空间，还应为孩子树立阅读的榜样。

三、家长功利性的引导

有的家长不了解孩子的阅读行为特点，在孩子阅读时总是对孩子提出太多的要求，对孩子进行功利性的引导。比如，陪伴孩子阅读时，要求孩子认真地听读，不允许孩子乱动、插话；

有时候甚至一口气读半小时,也不允许孩子"开小差""做小动作"。孩子自己阅读时,如果看到孩子有哗哗翻书的行为,便指责孩子看得不认真;孩子看完书或听读完之后,家长还喜欢对孩子提出各种问题,一旦孩子回答不出来,就忍不住批评孩子。有的家长在阅读后一定要告诉孩子一个什么样的道理,或者阅读之后检查孩子记住了书中的什么内容。有的家长将早期阅读等同于早期识字,在陪伴孩子阅读的过程中一味地教孩子认字,而忽略了对画面的观察,这样不仅导致孩子丧失阅读兴趣,还使得一些孩子习惯于阅读绘本中的文字,而读图能力大大降低。阅读中过多的规则、限制和期待,无形中给孩子造成了太大的压力,这只会让孩子感到阅读是多么痛苦,怎能让孩子体验到阅读的乐趣呢?有研究表明,过早读书识字而不讲究方法会降低孩子读书的兴趣。家长功利性地培养孩子阅读只会把孩子的阅读兴趣扼杀在起跑线上。对于孩子来说,阅读的首要功能是娱乐,而不是教育,家长没必要那么严肃,更没必要制定太多的规则,而应让孩子在轻松愉悦的氛围中享受阅读的过程。阅读应是一件快乐的事,是一种生活方式,是孩子生活中重要的内容,应让孩子在阅读中体验乐趣,从而快乐地成长。

四、电子产品惹的祸

互联网时代,吸引孩子眼球的东西实在太多了,如电视、网络、电子游戏、动漫,等等,平面阅读已逐渐被立体视听取代。随着智能手机、平板电脑等电子设备的普及,家长中也不乏"低头族",有不少孩子经常手捧平板电脑、手机,这势必影响孩子读书的兴趣。就如案例2中的丁丁，长期受到电视、平板电脑的影响，而不能集中精力进行图书阅读。当今社会，读书甚至成为人们生活中边缘化的内容。有很多家长认为，看电视能让孩子学习知识，好的电视节目可以取代阅读。殊不知，电视给人的想象空间很小，孩子看电视是一种被动式的灌输，缺乏自己的观察和思考，从而禁锢了孩子的想象力。看电视阻碍了孩子的语言发展，因为看电视是单向的，而语言学习需要通过交流来实现。看电视是图形阅读，属于整体认知，眼球定格屏幕后就几乎不动了。而在读书时，眼球处于不断的运动之中。看电视过多会导致眼球周围肌肉协调运动能力下降，使孩子在心理上、思维上都变得懒惰，缺乏耐心和意志力，形成冲动性思维和无法持久的注意广度，降低了思维的积极性和创造性，从而导致书面语言的阅读和理解困难。

　　因此，把孩子交给屏幕上的虚拟世界，除了能让家长轻松一些之外，是百害而无一利的。英国教育家马丁·洛森曾说："如果你能让孩子在12岁之前不看电视，他们终生都将获益。"远离电子产品，孩子将有更加丰富的活动可以做。如果孩子确实喜欢看电视，家长可以以孩子喜欢的电视节目形象为突破口培养孩子的阅读习惯。比如，如果孩子正好喜欢小猪佩奇的电视节目，父母不妨就给他们买小猪佩奇的相关读物，让孩子在间接兴趣的指引下体验到阅读的快乐，然后及时表扬鼓励，引导孩子逐渐拓展阅读的领域。

五、错过了阅读敏感期

有些家长想方设法让孩子喜欢读书,可孩子不喜欢阅读,这可能是因为错过了孩子的阅读敏感期,孩子对阅读的热情就再也提不上来了。阅读敏感期一般是指孩子4岁半到5岁半的时候。研究表明,相比于6岁前的孩子,6岁后的孩子更难养成阅读的兴趣习惯,所以6岁前也被称为儿童阅读的黄金期。敏感期只是成长过程中的一段短暂时期,它一旦消失就永远不可能再度来临。错过了阅读敏感期之后,孩子的自主阅读意识就会弱很多了。美国著名生理学家玛莉安·伍尔夫通过研究儿童阅读时的大脑变化发现,儿童阅读是左右大脑两个区域一起运行的,而过了这个时期,其学习语言的能力开始退化,如我们成年人在阅读时,往往是只有一个大脑半球在工作。

当孩子的阅读敏感期到来时,他们喜欢拿着书乱翻,无论能不能看懂都会一本正经地看,能看懂的会反复看,对阅读表现出极大的兴趣。然而,有的家长不懂得良好的阅读习惯要从小从家庭中开始培养,往往就会错过孩子阅读习惯培养的黄金期。他们认为孩子的阅读是学校学习的内容,孩子阅读习惯的培养和阅读能力的提高都应当是学校和教师的任务。还有些家长不了解孩子的特点,觉得孩子年龄小看不懂什么书,就不予以引导和关注,更不会有意识地为孩子创造阅读的环境。甚至有的家长因为怕毁坏了书而制止孩子看书,那么,孩子的阅读敏感期就会很快过去,并且一去不复返,孩子也将失去对阅读的兴趣。

六、互动模式单调

组成一个良好的阅读环境，不只是一个地点、一本书，人才是引导孩子学习"与书对话"的关键。在对孩子早期阅读的引导中，家长和孩子的互动是非常重要的。家庭中单调的阅读互动模式，也是孩子缺乏阅读兴趣的原因之一。据相关调查显示，目前的儿童阅读现状十分令人担忧，其具体表现为：家长买书，但不引导孩子阅读。有的家长经常陪孩子逛书店，把很多书搬回家，但事实上，这些书最后都成了家里的摆设，孩子连翻也没翻过。有的家长对孩子的阅读不予引导，完全放任自流，随便孩子怎么看。有的家长与孩子一起阅读时，只是为孩子读，且读得不够生动，缺乏趣味性，更没有亲子之间的互动交流，为孩子读书就像完成任务似的匆匆了事。其实，学前阶段的孩子是在听故事的过程中逐渐爱上阅读的。孩子成长为一个自主阅读者，首先要经历的就是亲子阅读阶段。在这个阶段，孩子的阅读是以听读和看图为主的。

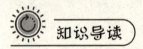
知识导读

一、儿童阅读敏感期

阅读是孩子认识世界、解释世界、融入社会、发展自我的重要过程。著名儿童文学作家梅子涵先生说，阅读是孩子人生的起点，他从生下来就开始接触阅读、喜欢阅读，这是非常幸福的一件事情。按照蒙台梭利的敏感期理论，儿童的阅读敏感期一般是在4岁半到5岁半的时候来临。6岁前被称为儿童阅读的黄金期。其中,0~3岁是儿童阅读习惯培养的准备期,3~6岁是儿童阅读习惯培养的关键期,3~8岁是儿童基本阅读能力发展的关键期,最需要的是奠定自主阅读的意识、习惯和技能。孩子在准备期内,若身处适当的环境之中,自己可以在无意识中悠然自在地掌握阅读能力。当阅读敏感期到来时,孩子表现出特别积极的阅读态度。这时,孩子开始"痴迷"各种带文字或图像的东西,包括各种图书、报纸、广告牌、宣传画等。只要一有空,他们就会专注于此,并且能够坚持很长一段时间。在这种阅读中,孩子有的能看懂、读懂,也有的靠猜测。但这种阅读体验是真实的、主动的,对孩子来讲是有价值的。因此,家长必须重视并了解孩子的阅读敏感期,为孩子创造适宜的阅读环境,助力孩子的成长。

二、阅读对孩子发展的价值

(一)促进孩子语言能力的发展

《3~6岁儿童学习与发展指南》指出:"为幼儿提供丰富、适宜的低幼读物,经常和幼儿一起看图书、讲故事,丰富其语言表达能力,培养阅读兴趣和良好的阅读习惯,进一步拓展学习经验。"关于阅读促进孩子语言发展的价值是早期阅读研究领域的热点,对此人们早已达成共识。学者认为:具有丰富阅读经验的孩子,其词汇量、语言理解能力、表达能力以及阅读兴趣等方面都明显优于缺乏阅读经验的孩子。在阅读中,孩子能够根据故事内容的前后联系推测故事情节的发展,借助于绘本画面的前后关联理解故事,从而提高阅读理解能力。儿歌、儿童诗、散文等各种体裁蕴含了丰富的诗性语言,使孩子在阅读中扩大了词汇量,感受到了语言的丰富和优美。孩子会主动表达自己的看法、与他人分享,在积极的倾听与互动交流中获得丰富的体验,孩子的表达能力自然就提高了。

(二)促进孩子社会化的发展

适合孩子阅读的绘本内容通常都反映了孩子的现实生活,孩子在阅读时会调动自己已有的经验去理解故事,并在与绘本故事的充分互动中进一步认识自我,理解他人,逐渐摆脱自我中心,学会与人交往、相处。如绘本《我有友情要出租》《小老鼠和大老虎》引导孩子学习如何交朋友、珍惜朋友,如何与朋友分享、合作。绘本《小阿力的大学校》《小魔怪要上学》激发孩子上学的意愿,缓解孩子对新环境不适应的焦虑情绪。绘本《大卫不可以》《图书馆狮子》提高孩子对社会规则的认知度,帮助孩子形成自觉遵守各种社会行为规范的态度。因此,绘本为孩子提供了一个丰富多元的世界,孩子阅读绘本的过程就是一个社会化的过程。绘本丰富了孩子的生活经验,激发了孩子的积极情感,促进了孩子社会能力的发展。

(三)促进孩子思维能力与想象能力的发展

早期的读物以图画为主,其中生动形象、丰富多样的画面为孩子提供了一个广阔的思维空间,它不仅能够引起孩子的注意和聚精会神的观察,还激发了孩子的想象与创造。在图画书阅读中,孩子非常乐于观察,对所看到的、所听到的事物表现出浓厚的兴趣和好奇。孩子要想"读懂"书中内容,就需要对画面进行认真的观察，在仔细反复地翻阅中把一个个单独的画面连成一个完整的故事，通过对画面的观察，推测故事情节的前后关系，感知人物角色的情感变化，理解故事。在这一过程中，孩子的观察力、思维力、记忆力、想象力、创造力等都得到了锻炼和发展。

（四）促进孩子审美能力的发展

绘本通过生动的画面、丰富的色彩，塑造出优美的艺术形象，其作用于孩子的审美意识，对于孩子有很大的吸引力，使孩子在阅读中不仅关注绘本的故事性，还获得了艺术层面的享受，感受了艺术的魅力。正如彭懿所说的："图画书是想象力的起点，是一座小小的美术馆，又像一个小小的电影院。"绘本中生动夸张的形象、丰富多样的色彩极具情感表现力，是孩子理解故事内容的基础，也正是这些元素与孩子产生了情感共鸣，吸引着孩子去观察、去发现，让孩子在阅读与欣赏中充分感知绘本所呈现的形象美、画面美、色彩美、语言美和意境美，从而积极建构自己的审美心理，提升审美能力。

三、不同年龄孩子的阅读特点

（一）3~4岁——早期的阅读者

小班孩子注意力集中的时间较短，对图画书的观察能力、理解能力较差，他们能将故事内容与自己的生活经验联系起来。他们能够关注画面的主要内容或明显特征，对于造型生动夸张、形象鲜明的角色很感兴趣，但还不能很好地理解画面中物体之间的关系，以及前后画面之间的联系。对文字的感知方面，他们能从生活经验中初步了解到文字的功能,在阅读时能辨认几个常见的简单的字。内容方面,他们更喜欢贴近其生活经验、好玩有趣、有动作性、表现力强、情节简单的图画书。在这一阶段,孩子以听读为主,家长应多与孩子共读、互动分享。

(二)4~5岁——主动的阅读者

中班孩子的读图能力和理解水平都有了较大的提高,在阅读过程中更加积极主动,有意注意的时间也增长了。他们在阅读时能够关注角色的细节特征,以及画面物体之间的联系,能进行简单的推测,但还不能根据前后画面之间的联系来理解故事,对于次要角色的了解和复杂心理的猜测与探究等不太关注。内容方面,中班孩子喜欢情节有起伏、构思新颖独特的故事。他们阅读的范围较广泛,感兴趣的绘本类别相对于小班更多,如科普类图画书。中班孩子开始表现出对文字的兴趣,会主动探索文字,喜欢认字,阅读中会关注各种不同的字体,对自己不熟悉的词语很敏感,喜欢询问这些新词的含义。在这一阶段,孩子阅读的主动性增强了,家长与孩子共读的同时也可以鼓励孩子自主阅读。

(三)5~6岁——流畅的阅读者

大班孩子的阅读理解能力大大增强,他们能仔细观察画面,关注很多的画面细节,并感知细节的变化,能猜测角色的心理、理解角色的情绪,能够对故事情节进行一定的判断和推理。他们的专注力更持久,视野更开阔,讲述和创编故事的能力也有了很大的提高。大班孩子已经能够认识一些简单的文字,喜欢文字阅读,掌握了一些阅读策略,这为他们的自主阅读奠定了基础。他们阅读的题材更加广泛，开始形成自己的阅读喜好，甚至出现性别差异。女孩子更喜欢情节温馨的、画面唯美的、文学性较强的童话故事类图画书，男孩子更喜欢趣味游戏、科普知识类，以及富有冒险和神秘色彩的图画书。在这一阶段，孩子能够独立且比较完整地阅读，家长可以以做孩子的听众为主，亲子共读为辅。

专家支招

　　阅读习惯的培养不是一蹴而就的，而是一个长期坚持的过程。家长不应以急功近利的心态催促孩子爱上阅读，而应针对孩子的具体情况，客观分析孩子不爱看书的原因，采取科学的方法引导孩子爱上阅读。对于案例1中的小米，家长应为孩子选择适合其年龄特点的趣味性强的图画书作为主要读物，采取灵活多样的方式与孩子互动共读。对于案例2中的丁丁，家长应注重为孩子创设阅读的环境，多陪伴孩子一起阅读，并让孩子远离电子产品。

一、创设支持性的阅读环境

　　"阅读总是需要场所的。"适宜的阅读环境是激发幼儿阅读兴趣的首要条件。要想让孩子养成良好的阅读习惯，首先是让孩子有书读，其次是让孩子有读书的地方。因此，无论在什么样的居住条件下，我们都要想办法满足孩子的愿望，为孩子营造一个读书的环境。富有支持性的阅读环境，才能给孩子一种自由宽松的氛围，使孩子阅读的需求真正得到满足。对于案例中的小米和丁丁，家长不能通过简单的催促使孩子爱上阅读，而应首先为孩子营造阅读的环境。比如，可以在家里为孩子专门设置阅读角，如在阳台或房间的一角，只要采光好，铺上舒适的地毯或泡沫垫，摆上小书架，也可以摆上一张小桌、一盏漂亮的小台灯、一把小椅子，把书摆放在起眼的地方，方便孩子自行取放，并经常更新书目。家长可以和孩子共同商量怎样装扮、布置阅读区，让孩子参与其中，真正成为小主人。将这个区角以半开放的状态呈现，这里不仅是孩子阅读的好去处，也满足了孩子独处的需要。此外，书店也是培养孩子阅读兴趣的理想去处，那里有琳琅满目的图书、专心致志看书的人，有安静优雅的氛围，让孩子徜徉在书的海洋中，感受到读书的气氛，从而很好地激发孩子对书的好奇和兴趣。

二、提供适宜的阅读材料

孩子能否对阅读产生兴趣，阅读材料的选择很重要。不同年龄段的孩子有着不同的阅读需求和兴趣，家长要了解孩子的心理特点，从孩子的兴趣出发，选择那些贴近孩子生活的、主题好玩有趣的、画面富有美感的适宜的阅读材料。要让伪劣的图书远离孩子，让中小学生读物、成人读物远离孩子，根据孩子的年龄特点，选择真正适合孩子的图书，让图书真正触及孩子的心灵，促进孩子的成长。

一是充分考虑孩子的年龄特点。如案例1中的小米正处于小班阶段，就可以为她选择一些内容简短、生动有趣、贴近幼儿生活、以图为主、情节简单、形象鲜明的绘本，如《是谁的肚脐眼》《鼠小弟的小背心》等。为中班孩子选择一些内涵较为丰富、有意蕴、情节起伏、结构清晰、有想象空间、能够激发孩子的想象和创造的绘本，如《小猪变形记》《云朵面包》等。为大班孩子选择一些画面信息丰富、构成复杂、文字较多、情节曲折、细节较多、人物情感联系较复杂、篇幅较长、类别更加多样的绘本，满足大班孩子喜欢探索、喜欢新奇事物、求知欲强的特点，如《蛤蟆爷爷的秘诀》《我的幸运一天》等。

二是内容应贴近孩子的生活，富有童趣。选择的绘本取材应是孩子熟悉的，源自孩子的生活经验，这样才能让孩子感到亲切，自然地受到感染，从而满足孩子内心的情感需求。真正的好绘本是从孩子的视角来表现内容、情节与画面的，会留下若干扇门让孩子可以自由进入故事的世界，并且能够反映孩子的生活世界和内心世界。这样，孩子在阅读时才有可能产生共鸣，调动自己已有的生活经验去理解故事，如小熊宝宝绘本系列《吃饭》《睡觉》《刷牙》《洗澡》《好朋友》《过生日》等15个故事，生动有趣地呈现了孩子生活的主要内容，教会孩子养成良好的生活习惯。

三是具有内涵与美相结合的插图。选择绘本要重视绘画的艺术品质，只有高品质的图画，才能培养孩子的想象力、审美能力。好的绘本从装帧、封面就非常讲究其外在的形式美和内在的意蕴美，它以独特新颖的设计、精美的画面、丰富的内涵吸引孩子的注意，激起孩子翻阅的欲望，引导孩子对绘本最初的审美倾向。如绘本《彩虹色的花》，当孩子看到彩虹色的环衬时，说："这真是一个彩虹色的世界！好美！我感觉自己飞到彩虹桥上去咯!"可见,画面使孩子产生了直觉性的审美想象。

四是注重绘本种类和形式多样化。多样化的阅读内容,如童话故事类、趣味游戏类、科普知识类等多种类别的图画书,能满足孩子不同的阅读需求,也能给孩子带来不同的阅读感受,丰富孩子的阅读经验。此外,家长不妨带孩子逛逛书展、书店,观察、发现并启发孩子的阅读兴趣。在孩子有能力参与选择的情况下,可以让孩子亲自挑选,家长给予适度的引导,仅提供一些建议。

三、和孩子一起阅读

一是家长要有阅读的习惯。父母是孩子的第一任老师,让孩子爱上阅读的最简单方法莫过于父母先成为爱读书的人,让阅读渗透你每天的生活,成为你生活中不可或缺的一部分。通过潜移默化的影响,慢慢地,孩子就会认同读书这种生活方式,读书也会成为孩子生命中的一部分。尤其是在孩子建立阅读习惯的初期,家长每天坚持阅读,可以很好地激发孩子读书的热情。

二是与孩子共读。史斯克兰·吉利兰曾经说过:"你或许拥有无限的财富,一箱箱的珠宝与一柜柜的黄金。但是你永远不会比我富有,我有读书给我听的妈妈。"孩子最初的阅读是亲子共读,是家长读给孩子听,因为孩子不认字,阅读更多的是从图画入手,通过图画认识世界万物,在家长的帮助下进行阅读。因此,对于案例2中的丁丁,家长单单催促孩子自己看书是不适宜的,而应与孩子共同阅读。家长满怀爱心地念书给孩子听,必定能将文字转化成生动、温暖的话语,传入孩子的耳中和心中,这种言语的体验和心灵的沟通,是孩子自己看书时无法体验的。吉姆·崔利斯先生在《朗读手册》中指出:家长给孩子朗读是培养阅读习惯最重要的因素。通过家长读书给孩子听的阅读方式,帮助孩子获得视觉、听觉等多种感官的刺激,以及对语言的理解和对图画的认知。同时,孩子在听读的过程中看到家长读书的样子,也会感受到陪伴的温暖。每天留有固定的时间与孩子共享阅读的美好时光,如晚饭后、睡觉前是亲子阅读的最佳时间。温馨的亲子阅读使孩子感到温暖、安全,增进了亲子交流和亲子情感,让孩子伴着绘本故事入睡,对于孩子的社会性发展有积极意义。

因此,家长不仅要坚持阅读,还要经常与孩子共读。在阅读过程中,家长要以平等的姿态走进孩子的世界,与孩子进行多样化的互动,像伙伴一样和孩子一起沉浸在阅读的氛围中,共同体验阅读的乐趣。

四、尊重孩子独特的阅读方式

成人的常规阅读往往是按部就班的,孩子却不然。由于他们的接受能力和理解能力有限,注意力不稳定,无意注意占主导,阅读时往往会出现一些非常态的阅读行为。比如,反复地阅读同一本书或同一个页面、哗啦哗啦地快速翻书、倒着看书,甚至将书举起来看或者趴在地上看,看着看着便捧腹大笑,边看书边手舞足蹈起来,等等。很多家长遇到这些情况会担心孩子养成不好的阅读习惯而急于纠正,或者禁不住提问、插话,结果却使孩子失去了阅读兴趣和热情。其实,孩子的这些"捣乱"行为也是其阅读兴趣的表现，或者阅读太过投入的一种独特表达方式。家长应了解孩子的阅读特点，只有适当地予以尊重，才有助于维持孩子的阅读热情。对于孩子阅读过程中的姿势，家长若担心坐姿不良影响孩子的视力或骨骼发育，可以待阅读结束之后以温和的语气与孩子交流，千万不要在孩子阅读兴致正浓时予以制止。阅读本身就是一件愉快的事情，家长要尊重孩子，让其以放松的姿态进行阅读。

五、经常赞美孩子的读书行为和表现

孩子需要父母的爱和关注，父母若能经常发现并及时赞许孩子的读书行为，给孩子适当的鼓励，孩子则能获得被认同的积极情绪，从而对阅读产生兴趣。每当孩子读完一本书，不妨及时予以鼓励和夸赞，比如，竖起大拇指赞美他读得认真，用掌声庆贺他又读了一本好书等，这样的肯定可以强化孩子的阅读兴趣，激发、巩固孩子的阅读热情。因此，家长要善于发现孩子的阅读行为和表现，并及时予以赞赏，但这种夸赞不是泛泛的、笼统的"你真棒""真能干"，而应该是具体且有针对性的，要让孩子意识到自己为什么受到表扬，为孩子指明继续努力的方向。所以，家长具体描述孩子进步的方面很重要，比如，听读时更认真专注了，读图时表现出了良好的观察力，认识封面上的字了，发现了图文中出现的小失误，能独立阅读了，等等。这样，孩子才能在获得阅读带来的良好情绪体验的同时，体会阅读的成就感，增强阅读的兴趣和自信心。

六、采取科学有效的指导方法

幼儿时期的阅读主要靠家长来引导,家长若能掌握科学有效的方法,可以事半功倍。对于案例中的小米和丁丁,家长都可以采用有趣的互动方式与孩子共读。首先,在共读的过程中,家长可针对书中的某些情节与孩子及时开展趣味性的互动游戏,以增添阅读的情趣。如《猜猜我有多爱你》,家长可与孩子表演张开手臂、举手、抛起等情景,这样既增强了孩子对绘本内容的体验,也使阅读变得更加有趣。其次,家长为孩子准备头饰、手偶、指偶等道具,在阅读之后,亲子分角色表演故事内容,在家里上演一台小童话剧,使孩子深入体验角色的情绪和故事情节的发展。再次,针对图画书中孩子感兴趣的角色或情节展开交流,鼓励孩子表达阅读感想。如绘本《小老鼠和大老虎》,可以向孩子提出启发性的问题:"小老鼠为什么生气了,你喜欢哪个动物,为什么?"这样不仅增进了孩子对故事的理解,还有利于维持孩子的阅读热情,拓宽他们的阅读视野,也加强了亲子沟通。最后,在阅读之后,鼓励孩子将绘本内容或者自己的体验用绘画的方式表达出来,然后与家人分享,这样不仅加深了孩子对绘本的理解与体验,也提高了孩子的表达能力。总之,家长是孩子阅读的支持者、协助者、引导者,应关注孩子的阅读过程和表现,积极与孩子互动交流,给予孩子适宜的引导。

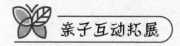
亲子互动拓展

一、家庭"每日一读"

每天在家中留一小时的家庭读书时间,内容可让孩子自由选择。阅读方式可以是全家人轮流读一句、读一段或读一页,也可以是一个人读完、全家人分享。读完一本书之后,家庭成员进行交流分享。全家共同参与阅读,不仅激发了孩子的阅读兴趣,也增加了亲子之间的交流。

二、家庭"每日一讲"

利用闲暇时间,家庭成员每人轮流讲一个小故事。内容自定,可以讲古人爱书的故事,也可以讲自己的故事,还可以让孩子讲自己最近看的书,或者自己创编故事等。在倾听与讲述的过程中,提高孩子的表达能力,激发孩子对阅读的兴趣。

三、爱的礼物

在孩子过生日或重大的节日到来时,不再单单购买玩具,而把图书作为生日或节日礼物赠送给孩子,并用精美的彩纸或包装纸进行简单的包装,再挑选一些可爱的有创意的小书签,在书签上写上一段充满温暖与爱的话语。

四、给自己喜欢的玩具或宠物读书

当孩子有一定的自主阅读能力时,鼓励孩子以角色游戏的方式，给自己喜欢的玩具或宠物读书，让孩子充分展示自己的能力，成为阅读的小主人，增强其自信心。

五、亲子绘本表演

在周末或晚上的闲暇时间，由孩子选择自己喜欢的绘本，全家总动员，制作表演用的头饰等道具，共同布置表演环境，分角色表演绘本内容。在表演过程中，家长要和孩子一起夸张、大胆、自主地表演角色的语言、动作、表情，充分体验绘本表演带来的乐趣。

六、亲子制作绘本

针对生活中孩子感兴趣的内容或者图书，引导孩子创编故事、自制绘本。亲子共同制作绘本，要让孩子充分地参与其中，如让孩子编故事情节、绘画插图等，家长协助附上文字。完成绘本制作后，家长和孩子充分地阅读，或者鼓励孩子将绘本分享给其他小朋友，使孩子体验成就感。

图书：

1. 图画书：阅读与经典. 彭懿著.
2. 朗读手册. [美]吉姆·崔利斯著. 陈冰、梅莉、徐海幨译.
3. 幸福的种子：亲子共读图画书. [日]松居直著. 刘涤昭译.
4. 让孩子爱上阅读的幸福密码. 陶小艾著.

微信公众号：

1. 爱阅公益
2. 红泥巴读书会
3. 东方娃娃卜卜童书馆

第六章　培养孩子的专注力
——孩子做事不专心

除非你被孩子邀请，否则永远不要去打扰孩子。为孩子打造一个以他们为中心，让他们可以独自"做自己"的"儿童世界"。

——[意]玛利亚·蒙台梭利

专注力就好比一扇门，从外部到灵魂的东西都必须通过这扇门才能进入。

——[俄]康斯坦丁·德米特里耶维奇·乌申斯基

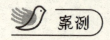

案例1：三分钟热度的龙龙

龙龙4岁半，性格很活泼，无论在哪里，他都活像一只小猴子，上蹿下跳，一刻也坐不住。为了培养龙龙的专注力，妈妈买来许多训练专注力的游戏、书和玩具，并时不时地催促："龙龙，你安安静静地看会儿书吧！"可他一会儿玩积木，一会儿看看书，一会儿拍皮球……做每件事或玩每个玩具都不会超过3分钟。妈妈听说弹钢琴可以锻炼专注力，于是带着龙龙去学钢琴，但龙龙不感兴趣，后来，妈妈又给龙龙报了专注力训练、绘画、围棋等课外班，但龙龙的专注力仍然没有得到提升。

案例2：不专心的辰辰

辰辰5岁了，幼儿园的老师向辰辰妈妈反映：辰辰太爱动，做事总是不专心，不能集中注意力。当别的小朋友都坐在位子上安静地听老师讲故事时，辰辰却在他的座位上左右扭动着，一会儿向窗外看看，一会儿玩弄自己的衣服角，还时不时地与旁边的小朋友说话。他把身体探过邻座，对着丁丁喊道："丁丁，等会儿户外活动咱们去玩钻网吧！"到了户外活动时间，老师组织小朋友们排队，交代户外活动的注意事项，而辰辰站在队伍里左顾右盼地与其他孩子说话。到了户外，辰辰一会儿玩钻网，一会儿跑到沙水区，在整个活动场来回穿梭。

幼儿的注意力集中时间相对较短,专注力水平普遍较低。案例中龙龙和辰辰的活泼好动属于这一年龄段孩子的正常表现。案例1中的龙龙不能专注于一件事情,可能是因为妈妈给孩子提供的书籍和玩具太多,以及妈妈为他安排的课外班太多,龙龙缺少自主活动的时间,且妈妈的教育方法不当,简单地催促不仅不能提升孩子的专注力,还可能打断了孩子正在进行的活动。案例2中的辰辰不能专注于集体活动,在户外活动时频繁更换区域,一方面是因为孩子性格活泼好动,另一方面说明辰辰缺乏一定的规则意识,且注意力确实较差,需要家庭和幼儿园联合起来对孩子进行专注力教育。

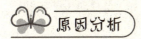
原因分析

蒙台梭利在《童年的秘密》中讲过她在"儿童之家"观察到的一件小事:一个3岁左右的小女孩,反反复复地把一系列圆柱体放入小孔,然后再把它们取出来,一次又一次,安安静静,聚精会神,完全不受老师和其他小朋友在旁边走动的影响。"她重复这项练习42遍,然后才停下来,仿佛从梦中醒来并愉快地微笑着。"可见,专注做事,对于孩子来说,是一个相当愉快的过程,而且3岁的孩子达到这种心无旁骛的专注状态也毫无困难。那么,为什么慢慢长大之后,很多孩子却失去了这种专注力呢?这是特别需要家长反思的。当孩子出现注意力不集中的情况时,家长不要过分着急,更不能随意指责孩子,要及时找出原因。

一、生理因素

一是甲亢、多动症引发孩子做事不专注。虽然这两种疾病并不常见,但家长也不能忽视,这两种疾病最明显的特征就是孩子在任何时候、任何活动中都无法集中注意力,更不用说专注地学习。初步判断这两种疾病,就是看孩子是否在任何事情上,包括他曾经非常喜爱的事物上,都无法集中注意力。倘若长期如此,那么就应当及时到正规医院进行专业的检查。

二是疲劳,睡眠不足。孩子神经系统的耐受力较差,长时间处于紧张状态或从事一种单调的活动,会引起疲劳,从而导致孩子的注意力无法集中。睡眠不足会使孩子在白天精神差,注意力不集中。因此,要帮助孩子安排好作息时间,当发现孩子疲劳、犯困时,要让孩子及时休息。

三是饮食不合理,营养不均衡。如食物中含有过多的咖啡因会让孩子精神差、注意力不集中,食物中含有过多的油脂也会让孩子慵懒、昏昏欲睡,注意力难以集中,摄入过多的甜食则容易引起精神上的烦躁不安。

二、年龄特点

对于3~6岁的孩子来说,他们天性活泼,好奇、好动、好玩,注意力集中时间短,且易受干扰,这是学龄前孩子的特点。就如案例中的龙龙和辰辰活泼好动,对周围事物充满了兴趣,这些现象属于孩子的正常表现。家长要了解,学龄前孩子的中枢神经系统发育尚未完善,兴奋和抑制过程的发展还不平衡,孩子的自控力比较弱，注意力不够稳定或不易集中，即使注意力能集中，时间也不会太长。我们不要轻易就给孩子贴上"注意力不集中""缺乏专注力"这样的标签。对于不同年龄段的孩子来说，他们专注于某个事物的时间是有差别的。家长要了解孩子专注力的发展水平和特点，不同年龄的孩子，专注力表现的差别可能很大。家长要了解孩子的个体差异，不可盲目地将自己的孩子与其他孩子进行比较，不对孩子提出过高的要求。此外，由于年龄的关系，孩子注意转移的品质还没有得到发展，不能根据需要及时将注意力集中在应该注意的事物上，这也是注意力分散的原因之一。如果事先的活动量过大，刺激较强，孩子过于兴奋，便很难将注意力转移到之后的活动中去，也更容易分心。

三、对所做的事情缺乏兴趣

有的家长发现，自己的孩子在一些事情上很专注，但在另外一些事情上则不够专注，原因可能是孩子对所做的事情缺乏兴趣。孩子的专注力有范围小、时间短、容易随需要和兴趣转移等特点，对于他们不感兴趣的事物，就可能会进行"选择性过滤"。比如，看动画片、玩游戏通常是孩子感兴趣的事，孩子往往能专注；而上课听讲不专注，可能是他对那门课程兴趣不足；不能专注地练琴，也可能是因为他对弹钢琴兴趣不足。我们不能把兴趣不足造成的不专注现象，简单地归结为孩子不专注，而要结合孩子平时的表现进行综合分析。当孩子表现出对某事不感兴趣时，家长不宜反复地说教"你上课要认真听""要专心练琴"等，更不宜强迫孩子，而要设法培养孩子的兴趣。此外，家长要求孩子所做事情的难易程度也会影响孩子的注意力，过难或过易都不利于孩子集中注意力，过难会使孩子产生畏难情绪，过易则不能吸引孩子深入探究。只有当新内容与孩子的知识经验之间存在着中等难易程度的差异时，才最容易引起和维持孩子的注意。因此，家长要善于发现并尊重孩子的兴趣。

四、有干扰的环境

环境是影响注意力的重要因素，环境中无关刺激的干扰必然会影响孩子做事的专注力。孩子的注意以无意注意为主，一切新奇多变的事物都能吸引他们，干扰他们正在进行的活动。如环境中的声音、光线、摆设及其放置方式都会影响孩子的注意力。有些家长要求孩子安静地在房间里看书、画画，自己却在客厅里将电视机声音开得很大，这种外在的环境干扰很容易使孩子分心。有的家长不注意为孩子创设相对固定的空间和时间，如任由孩子随意地在沙发上、床上、走廊上吃饭，也可以在吃饭时跑来跑去，使得孩子的生活、学习与游戏都没有固定的时间和空间，这样一来，孩子将会形成一个错误的概念，即认为可以随意地做事、玩耍和拖延时间。

生活中，我们也经常看到这样的情形：家长给孩子买了很多的玩具和书籍，可是孩子往往是这本书翻两页，那本书翻两页；对玩具也是，一会儿玩这个，一会儿玩那个，不能长时间专注于看一本书、玩一件玩具。就如案例1中的龙龙，一会儿看书，一会儿玩玩具，太多的书和玩具只会让孩子注意力涣散。美国一项研究显示，给孩子过多的玩具或是不适当的玩具会损害他们的认知能力。同时，如果孩子面前的玩具过多，孩子会无所适从，无法集中注意力玩一件玩具。因此，家长应为孩子营造良好的环境，留给孩子充足的个人空间和时间，提供适宜的玩具，满足孩子专注做事的需要。

五、以"教育"和"关心"为名的打扰

家长希望孩子专注，却总在不知不觉间破坏了孩子的专注。现在的家长越来越关注对孩子的陪伴，无论是游戏、生活还是学习，家长都会陪伴在孩子身边。但这种陪伴，却常常成为对孩子的打扰。当孩子玩得正专注的时候，有的家长却询问孩子"你在干吗呢"，或者干涉他"这么玩不对，你看，要这样""别往地上爬，小心弄脏衣服了"。当孩子正专心地画画时，家长在一旁提醒"注意拿笔姿势啊""宝贝，你小心点，别画到外面去了""动作快点，别磨蹭"。当孩子正专注于自己的事情时，有的家长还会关心地问"宝贝，渴了吗？喝点水吧""有点冷了吧，穿件马甲"，诸如此类。家长还边说边送上水杯和衣服。有时，恰遇朋友或邻居来了，家长还会不顾一切地要求孩子打招呼。若孩子沉浸于自己的活动而不予理睬，家长就会扣帽子："没礼貌！阿姨跟你说话呢，快回答阿姨！"

生活中类似的情形比比皆是。孩子的思路不断地被打断、方法不停地被纠正，他还得时不时地对家长的指挥做出反馈，怎么可能全神贯注呢？孩子的正常发展来自专注于某项活动，自主自愿地投入时间和精力。而当孩子专注的行为被成人随意打断、随意阻止时，我们会看到孩子因内心需求得不到满足而做出的种种

抗争，比如，尖叫、哭泣、打人等，这其实是孩子的专注行为被肆意打断后痛苦情绪的表现或发泄。当家长在苦苦探寻如何培养孩子的专注力时，却没有意识到，恰恰是自己以"教育"和"关心"为名的随意打扰破坏了孩子的专注力。

六、为孩子安排的活动过于密集

专注的状态，表现为将注意力较长时间地倾注在某一件事上，自主地尝试、实践，一遍一遍地重复同样的玩法，能够最大限度地体会到做这件事的乐趣，也能保持耐心、细致和好奇。有的孩子在一件事上只能投入很短的时间，表现得不够专注，这可能是因为家长给孩子安排了过于密集的活动，而留给孩子专注一件事的时间太短。曾经看到过一位妈妈给孩子安排的时间表，孩子幼儿园放学、妈妈下班后的时间，以半小时为单位被分成五六段，分别是英语启蒙、亲子阅读、亲子游戏、亲子散步、睡前阅读等内容，中间没有停歇。孩子妈妈说："每天按照这个时间表走，追求最高性价比的育儿，简直跟打仗一样。"如此密集的活动，就算是大人，也疲于应付，更不用说孩子了。孩子的注意力，要像机器人一样不停地、快速地从一件事转移到另外一件事上，他怎么可能做到对每一件事都迅速投入、专注无比呢？就如案例1中的龙龙，他被妈妈安排了太多的课外班，致使他没有自由支配的时间，缺乏自主活动。因此，我们要培养孩子的专注力，就需要给孩子留出专注投入的时间，让孩子自由支配自己的时间，使得孩子能有较长时间专心致志地做一件事，尊重孩子的选择，任由孩子自主地探究事物。比如，孩子喜欢玩某个玩具，可以任由他玩上一两个小时；孩子喜欢看一本书，任由他看上小半天也没关系。重要的是，中间不会被家长督促着去做其他事情。孩子若经常有这样自由的专注投入某件事的机会，他的专注力就无须特别培养，也能很自然地发展起来。

七、父母不专注的影响

孩子跟父母生活在一起，会耳濡目染地受到父母言行举止的影响，专注力也是一样。有的家长陪伴孩子阅读，不是为了培养阅读习惯，而是为了完成任务，往往敷衍了事。一本绘本，每一页都草草略过，几分钟就讲完了，这将从潜意识里告诉孩子书不需要认真看，不需要专注欣赏。孩子要求家长一起玩游戏，刚玩一会儿，家长就开始接打电话或者东张西望，孩子兴奋地向家长展示自己的作品或者问一些问题，家长也只是随意支吾。在电影院，也经常看到一些带孩子看电影的家长，看一会儿屏幕，再刷一会儿手机，不能集中精力看电影。这样的家长，当他们要求孩子做事专心时，怎么能有说服力？所以，当家长发现孩子阅读不够专注、画画不够专注、上课听讲不够专注时，首先应该反思自己是否为孩子树立了专注的榜样。

八、电子产品的影响

很多家长反映，孩子在看电视、电脑时很专注，而在做其他事情时不专注。实际上，看电视时的"专注"只是一种表象。因为，电视的画面是多变的、动态的。如果孩子习惯了快节奏变换的视觉对象，就很难对那些相对静止的活动保持专注了。有的家长为了省事,给孩子塞个手机或者iPad,让他自己玩。特别是当父母工作很忙很累的时候,电视、电脑就成了安抚孩子的法宝,成了家长陪伴孩子的替代品。《童年保卫战》中指出,电子产品对幼小孩子的致命伤害之一是破坏孩子大脑发育的正常节奏和结构。电视、电脑显示屏画面是以高频率的波动形式出现的,当这种高频率的波动画面不断通过孩子的视听觉进入其神经系统时,孩子神经系统发育的节奏就会受到干扰,而孩子的身体为了应对神经系统所发出的快速信号,就需要不停地大量活动。研究表明,看电视、电脑过多的孩子更容易出现"多动症""感统失调""注意力缺失"等。电子产品玩多了,会降低孩子对其他活动或者事物的兴趣,他自然就会变得"玩电子游戏很专注,而做其他事情如坐针毡"。因此,不彻底关掉电子产品,专注力就不可能再回到孩子身上来。

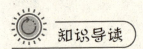

一、专注力的内涵与特点

"注意是指人的心理活动对外界一定事物的指向和集中,是伴随着感知觉、记忆、思维、想象等心理过程的一种共同的心理特征。注意力是指人的心理活动指向和集中于某种事物的能力。"专注是注意力的具体表现。专注力指的是把注意力较长时间地集中在某一事物上的能力。专注力是一切学习的开始,是孩子最基本的适应环境的能力,是学前阶段孩子需要养成的一项重要的学习品质。幼儿时期是专注力形成的关键期，从小培养孩子形成良好的专注力对其未来的学习与发展有积极的影响。

专注力最突出的特点就是排除干扰的能力。幼儿的专注力在活动过程中有一些外显的行为特点：一是能够把注意力集中在一定事物上，不被外界无关因素干扰；二是有持久性，能够较长时间集中精力地做某件事情；三是能够对外界的干扰进行自我调整并排除干扰，依然专注于自己的活动；四是目的性强，能够带着明确的任务或目的专注于某项活动；五是在活动中伴随有言语行为，这些行为也是与活动密切相关的。家长可以基于以上特点进行有针对性的连续观察，进而判断孩子的专注力水平。

二、幼儿注意的发展特点

注意分为无意注意和有意注意两种。有意注意，也称随意注意，是指有预定目的，需要做一定意志努力的注意。无意注意，也称不随意注意，是指既没有预定目的，也无须做出意志努力的注意。0~3岁的幼儿，其无意注意占主导地位，有意注意尚处于萌芽状态。3~6岁的幼儿则是无意注意依然占优势，有意注意开始发展。

（一）幼儿无意注意的发展

幼儿的无意注意随着年龄的增长不断稳定和深入。小班幼儿无意注意占优势，容易对新异、强烈、活动多变的事物产生注意，但注意的稳定性较差；中班幼儿无意注意进一步发展，且比较稳定，注意的范围更广，对于感兴趣的活动能够保持较长时间的注意，且集中程度较高；大班幼儿的无意注意进一步发展和稳定，对于感兴趣的活动能集中注意的时间更长，如果活动被干扰，会表示不满或反感。

（二）幼儿有意注意的发展

幼儿的有意注意处于发展的初级阶段，稳定性差，水平低，受大脑发育水平的限制，依赖于成人的组织和引导。小班幼儿有意注意的稳定性很差，仅能够依照家长的要求，指向并集中于应该注意的对象，一般能够集中注意3~5分钟；中班幼儿的有意注意继续得到发展，注意集中的时间可延长至10分钟左右；大班幼儿的有意注意迅速发展，在适宜条件下，注意集中的时间可延长至10~15分钟。

三、幼儿注意品质的发展特点

（一）注意的广度

注意的广度，即注意的范围，是指在同一瞬间所能把握的对象的数量。相对于成人，幼儿的注意广度比较小。随着幼儿年龄的增长、生理的发展、知识经验的不断丰富以及生活实践的锻炼，其注意的范围不断扩大。

（二）注意的稳定性

注意的稳定性是指把注意力集中保持在某一对象上时间的长短，是幼儿游戏和学习等活动获得良好效果的基本保证。幼儿注意的稳定性受注意对象以及幼儿自身状态的影响。对于新鲜、生动、独特的对象，幼儿注意的时间较长；而对于枯燥、单调、无变化的对象，其注意时间短。随着年龄的增长，幼儿注意的稳定性不断提高。

（三）**注意的分配**

注意的分配是指同一时间内，把注意集中到两种或几种不同的对象上。幼儿的注意分配能力比较弱，很难同时注意到两个以上的对象，往往"顾此失彼"。但随着年龄的增长，幼儿注意的分配能力不断增强，如在做操时，既能注意自己的动作，又能注意到队形的整齐。

（四）**注意的转移**

注意的转移是指按照新的任务，积极主动地把注意从一个活动或者事物转移到另一个活动或者事物上，是注意灵活性的表现。幼儿易分心，不善于根据任务的需要灵活地转移注意。年龄越小越难从原来的活动移开注意。随着年龄的增长，幼儿逐渐学会主动转移注意，其注意的转移动力不断发展。

大多数孩子在一定时期内都会表现出注意力不集中、做事不专心、活动频繁、目的性不专一、不易控制自己的情绪等现象。随着年龄的增长，在良好教育的影响下，孩子注意力的品质也会得到提升。学前阶段是培养孩子专注力的关键时期，专注力的培养和形成是一个漫长而复杂的过程，绝非一朝一夕的功夫。家长不可操之过急，不要一味地要求孩子专心，只追求孩子学习的结果，而忽略了关注过程。应注意观察孩子的专注特点，分析孩子不专注的原因，采取适宜的引导策略。

专家支招

由于身心发展水平的限制,孩子的注意力不易集中,其注意力常常不由自主地从一个事物转移到另一个事物上,且容易被一些新异刺激吸引而激动、兴奋起来。孩子年龄越小,专注于眼前事物的时间就越短,而且专注力容易受到干扰。对于案例1中的龙龙,家长应注意观察孩子有无真正专注的事情,并采取适宜的方法培养孩子的专注力,而不是简单地催促,更不是盲目地为孩子安排各种课外班。对于案例2中的辰辰,老师不要轻易给孩子贴上不专注的标签,应对孩子多鼓励、多提醒,给予积极正确的引导,并及时了解孩子在家里的表现,与家庭联合起来,循序渐进地培养孩子的专注力。

一、与孩子一起养成良好的习惯

一是养成良好的生活习惯。作息时间不固定的孩子,注意力更容易分散。家长应与孩子共同制定并遵守合理的作息制度,使孩子得到充分的休息和睡眠。充足的睡眠、健康的饮食、规律的生活对孩子专注力的培养是十分重要的。应保证孩子饮食规律、搭配均衡,在吃东西时,做到不看电视、不玩玩具等。每次都让孩子喝完水或上完厕所后再进行活动。二是养成物归原处的习惯。杂乱无章的环境容易使孩子分心,将东西乱扔乱放、物品没有定位,会影响孩子专注力的养成。因此,家长要以身作则,引导孩子学会将物品归位,养成良好的整理习惯。三是养成守约、守时的好习惯。要长时间地集中注意力,必须具备一定的自我控制能力。守约、守时的好习惯有助于提高孩子的自控力，进而提高孩子的专注力水平。家长和孩子约定好的事一定要履行，要让他们习惯根据计划来做事。这样，他们做事就会更加专注，更有效率。

二、为孩子营造良好的家庭环境

一是物质环境。一个简洁、舒适、有序的环境，是有利于孩子专注力养成的。这样的环境能减少孩子不必要的四处游荡，让孩子快速找到自己想要的东西，尽快投入到自己的活动中去，从而进入专注状态。对于案例1中的龙龙，家长就应注意为孩子营造一个简洁有序的环境，书籍与玩具分开放置。例如，书桌上只摆放活动需要的物品，将无关的东西一律撤走，不摆放玩具、食品等，尽量减少外在环境的干扰，为孩子准备的文具用品也应简单、实用。孩子的书房也要布置得简洁、明快、有序。倘若学习环境过于复杂、花花绿绿，就很难使他们长时间专注于学习本身。室内的光线柔和适度，有助于孩子集中注意力。为了保证孩子拥有一个整洁有序的环境，家长可以为孩子设置专门的阅读区、学习区、游戏区，尽量将游戏区与学习区、阅读区分开，避免物品混乱、造成干扰。阅读区可以和学习区融合在一起，也可以分开。每个区域投放相应的物品材料，满足孩子的活动需要。

二是精神环境。为孩子创设一个安静、安全、自由的环境。在这样的环境中，孩子可以自由安排自己的活动。家长应留给孩子足够的私人空间和时间，当孩子专注于某一项活动时，应避免打扰、打断。孩子学习的时候，不能有电视机、电话等声音干扰；家长也尽可能不在孩子学习时进进出出，大声说笑。孩子正在专注做事时，家长要尽量保持环境的安静，但不必太过谨慎地要求所有人都小心翼翼、保持静音，要让孩子在自然、常态化的环境中专注做事，逐渐学会排除一切干扰。

三、善于利用孩子的兴趣

兴趣是产生和保持注意力的主要条件。孩子对事物的兴趣越浓，其稳定、集中的注意力越容易形成。在生活中，常常会看到一些孩子按家长的要求做某些事的时候，总是应付了事或心不在焉；而在做他感兴趣的事情时，却能全神贯注、专心一致。对孩子来说，他的专注力在一定程度上受其兴趣和情绪的控制。因此，对于案例中的龙龙和辰辰，家长都应注意观察，发现孩子的兴趣点，把培养孩子广泛的兴趣与培养其专注力有机结合起来。

促进人类社会进步的科学家和一些杰出人士之所以能获得成功，除了其丰富的知识和文化内涵外，更有赖于他们对工作的极大兴趣和投入在工作上的专注力。牛顿思考到忘记吃饭；古希腊数学家阿基米德沉迷于钻研几何，两耳不闻战争的喧嚣。威廉·盖茨发现儿子小比尔酷爱读书，于是在家里积极为他创设阅读的条件和环境。小比尔7岁的时候，最喜欢读的书是《世界图书百科全书》。他经常连续几个小时阅读这本书，一字一词地从头读到尾。在此过程中，家人从来不予以干扰。因此，当我们发现孩子专注于自己感兴趣的事情时，家长应给予鼓励并不断创造条件支持孩子的活动、延续孩子的兴趣，为孩子提供更多与之相关的资讯、材料以及活动，让他跟与其相关的事物产生关联，并帮助他横向或者纵向去拓展，发掘出更多有趣的元素，将探索的触角伸向更多可能的方向。这样一来，孩子对学习的兴趣将会不断增长，其专注力自然得到提高。

四、在游戏中培养孩子的专注力

心理学研究表明，游戏能激发孩子的兴趣，游戏中，孩子的注意力会长时间集中，且注意力的稳定性更强。蒙台梭利也曾提出："游戏本身就是培养专注力和聚焦思维的最好方式。"我们可以抓住孩子好游戏这一特点经常和孩子玩游戏，让孩子在游戏中学习细心观察、专心记忆、认真思考、独立完成任务，并从游戏中获得成就感。比如，案例1中龙龙的妈妈为孩子买来了一些专注力训练的书籍和玩具，就应及时地和孩子共同游戏和阅读。在孩子年龄小的时候，家长应尽量陪伴孩子投入地玩游戏，并参与他的游戏，引领他玩得更深入、更长久、更有创意。

专注力是可以通过训练而得到提升的，每个孩子的专注力都有很大的提升空间。通过游戏发展孩子的专注力，关键在于游戏是否有趣，是否能真正吸引孩子的注意。家长要结合孩子的年龄特点，选择多样化的培养孩子专注力的游戏。如，视觉训练游戏"什么东西不见了"，在桌子上摆出几样能够吸引孩子注意力的东西，让孩子看上一两分钟，再让孩子闭上眼睛，拿掉其中的一个或两个东西，再请孩子说说什么东西不见了。再如，听觉训练游戏"听故事回答问题"，在给孩子讲故事之前就告诉他们，故事讲完了要提出问题，可以要求中大班的孩子重复简短的故事。此外，还有动作训练游戏，以及结合视觉、听觉、动作的混合型训练游戏等。通过有意识的训练,培养孩子的专注品质,引导孩子逐渐形成自我训练专注力的能力,为其未来学习奠定良好的基础。

需要注意的是,为了让孩子在接受这些游戏训练时不感到枯燥,可以与孩子协商制定一些奖惩措施,也可和家长以比赛的方式来进行训练,这样不仅增加了训练活动的乐趣,也增进了亲子感情。家长应该以身作则,表现出专心、坚持和耐心,一旦发现孩子有专心的表现,更应加以鼓励和称赞。

五、父母正确与及时的引导

孩子的年龄特点决定了其专注力的形成有赖于外部环境,也离不开家长科学适宜的引导。

一是适当陪伴,做好观察者。在孩子学习早期,学习的坚持性和注意力的集中程度是有限的,家长在一旁的陪伴对孩子是一种支持。但是,家长不要在旁边盯着孩子的一举一动,对孩子的学习指手画脚。当孩子在"工作"时,家长应扮演观察者的角色,安静观察,必要时介入指导。家长也可以在旁边专心做自己的事情,给孩子树立一个专心做事的榜样。不要总对孩子说话,更不要反复地向孩子提出要求,例如,"应该是这样做的,你那样做错了"等。减少对孩子唠叨和训斥的次数,才能让孩子感觉到他是时间的主人,同时也给孩子创造一个安静的学习环境。

二是适时协助,做好引导者。很多孩子不专心,是因为对活动或学习不感兴趣,经常做到一半不知怎样进行下去,也不知如何向别人求助,从而产生挫折感而不愿再投入。孩子对一件事专心或投入，也来源于他能够从中得到乐趣和成就感。因此，想要孩子能够专心、持久地完成一项活动，家长应善于发现并配合孩子的需求，在他感兴趣的活动中指导他、帮助他。当你观察到孩子的活动遇到困难时，当孩子向你求助时，当孩子对活动缺乏深入探究的兴趣需要指引时，家长可以适时适度地给予协助和引导。家长一定要学会等待，选择合适的时机，不要急于介入，尽量用最简单的语言或行动来引导孩子。如此，孩子会觉得自己是被尊重的，他的心会更安定，专注力自然就会发展得更好。

六、在日常生活中培养孩子的专注力

孩子专注力的形成不是一蹴而就的。在日常生活中，家长应注重挖掘教育的契机，捕捉关键的细节，循序渐进地培养孩子的专注力。一是对孩子提出明确的任务，使之带着目的进入活动。孩子对活动目的的认知越清晰，其完成任务的愿望就越强烈，在活动过程中也就更容易集中注意力，且维持的时间更长。在日常生活中引导孩子活动之前，家长应向孩子提出明确的目的、任务，使之逐步养成围绕目标自觉集中注意力的习惯。二是及时提醒孩子活动可用的时间，让孩子在单位时间内集中精力完成任务。例如，组织孩子做计时活动，引导孩子在单位时间内把书桌整理干净，把玩具分类装进玩具盒里；在5分钟内把折纸折好；在15分钟内完成睡前的洗漱等。这些训练会使孩子更易集中注意力做事，并产生完成任务的自信感，进一步激励孩子去做更多集中精力才能完成的事。这种良性循环不仅会促使孩子延长专注力时间，逐步形成优良的专注品质，还有利于培养孩子的时间

意识，逐步养成管理时间的能力。三是延长孩子做事的时间，训练孩子"坐得住"的能力。对于专注力较差的孩子，要通过延长孩子做事的时间，培养孩子的定力。家长可以为孩子提供一个小闹钟、一套桌椅，让孩子在自己的空间里做自己喜欢的事，要求时间应至少坚持5分钟以上，并根据孩子的执行情况，在之后的每次训练中逐渐延长时间。当孩子达到时间要求时，及时给予称赞，并鼓励他自觉延长"专注的时间"。

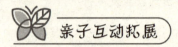

亲子互动拓展

一、夹豆子

游戏玩法：用一个小碗或者杯子，装上一些黄豆或者黑豆、花生等，让孩子拿着筷子或者夹子把豆子夹到另外一个碗里。这个游戏需要很高的注意力和手部肌肉的协调能力。小班孩子可以用夹子操作，中大班孩子可以用筷子操作。

二、我看到了

游戏玩法：把一些小卡片或者小玩具、生活用品等实物放在桌上，让孩子看几秒钟，然后用布遮起来，让孩子说说看到的是什么。前几次游戏，数量不要多，可控制在四五种，之后逐渐增加物品的数量。这个游戏可以培养孩子有意注意的能力，开始时可以让孩子只是说东西的名称，之后可以让孩子说说东西的颜色，再之后还可以让孩子说说东西的方位，等等。

三、神枪手

游戏玩法:家长念出以下词语,孩子听到水果的词语拍一下手,听到其他的词语则转一圈。家长发布指令后孩子及时做出反应,家长根据孩子的表现调整语速,每隔两秒念一个词。通过此项训练,可以锻炼孩子的听动协调能力,提高孩子的听课效率。在训练过程中,家长的指令应清晰明确,要求孩子迅速做出反应。

例:

①苹果、杯子、帽子、电灯、西瓜、眼睛、桃子、牙刷、手表;

②葡萄、小鸡、书包、橘子、草莓、爸爸、芒果、鞋子、电视;

③大海、白云、贝壳、鲤鱼、兔子、香蕉、火车、电话、袜子。

四、开火车

游戏玩法:三人围坐一圈,每人报上一个站名,通过几句对话来开动"火车"。如爸爸当作北京站,妈妈当作上海站,孩子当作广州站。爸爸拍手喊:"北京的火车就要开。"大家一齐拍手喊:"往哪开?"爸爸拍手喊:"往广州开。"于是,当广州站的儿子要马上接口:"广州的火车就要开。"大家又齐拍手喊:"往哪开?"儿子拍手喊:"往上海开。"这样,火车开到谁那儿,谁就得马上接得上口。"火车"开得越快越好,中间不要有间歇。

这种游戏要三人以上,一家三口就可以完成。当然,如果有爷爷奶奶或其他成员参加，会更有趣。这种游戏由于要做到口、耳、心并用，能让孩子的注意力高度集中，同时也锻炼了思维快速反应能力，而且这种游戏气氛活跃，能调动孩子的积极性。

五、舒尔特方格训练法

舒尔特方格是在一张方形卡片上画上1cm×1cm的25个方格，格子内任意填写阿拉伯数字1～25。训练时，要求被测者用手指按1～25的顺序依次指出其位置，同时诵读出声。舒尔特方格不仅可用来测量儿童注意力的稳定性，而且用这套图表坚持每天练习一遍，孩子注意力水平就能得到大幅度提高，包括注意的稳定性、转移速度和广度的提高。

运用这种方法的时候，家长也可以自制几套卡片，绘制表格，任意填上数字。从1开始，边念边指出相应的数字，直到25为止。

图书：

1. 童年保卫战. 廖佳玲著.

2. 给孩子自由. 小巫著.

3. 正面管教. [美]简·尼尔森著. 玉冰译.

4. 好妈妈胜过好老师. 尹建莉著.

5. 孩子注意力不集中，妈妈怎么办？——培养孩子专注力的66个细节. 鲁鹏程著.

6. 3～6岁宝宝专注力培养书. 王彦著.

第七章　巧妙应对同伴冲突
——孩子被人欺负了

　　吵吵闹闹是上帝赐予孩子的礼物,孩子们在吵闹中长身体、长智力。

——陈鹤琴

　　新式教育理论中的中心思想之一,正是呼吁人们重视孩子社会本领的培养,并且鼓励孩子与同伴相处。

——[意]玛利亚·蒙台梭利

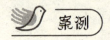

案例1:"抢"玩具风波

顺顺3岁半,仔仔3岁,均上幼儿园小班。区域游戏时间,顺顺和仔仔都在益智区玩。顺顺先拿到动物拼图开始拼起来,仔仔走过来,还没开口说话就直接伸手去拿顺顺手里的拼图。由于力度比较大,把拼图撒了一地,顺顺伸手就去抓仔仔,仔仔哇哇大哭起来。老师赶紧过来疏导,仔仔哭着告诉老师:"老师,顺顺打我!"老师拉着顺顺和仔仔的手问:"发生了什么事?"顺顺说:"他抢我的玩具!"仔仔说:"我也想玩拼图!"……

案例2:玩滑梯的"纠纷"

果果,女孩,4岁;牛牛,男孩,5岁半。在小区的儿童乐园,几个孩子正在玩滑梯。果果刚从滑梯上滑下来,正坐在滑梯的下端边缘。这时牛牛从上面滑下来,双脚蹬到了果果的背上,可能滑得速度快、力度大,果果哇哇地哭了起来。果果边哭边跑到妈妈身边说:"他踢我!"妈妈赶紧抱起果果:"来,让妈妈看看,踢得咋样?疼不疼?"牛牛争辩道:"我不是故意的。你滑过了,还不起来,你挡住我的路了!"果果越哭越厉害:"你就是故意的!"果果的妈妈对牛牛呵斥道:"你这孩子欺负别人,嘴还这么硬!向我们道歉!"牛牛妈妈此时才闻声赶过来:"谁欺负人了?"两位妈妈越吵越凶……在场的家长都过来解围,才慢慢平息了这场矛盾。

当孩子们发生冲突时,老师和家长首先应正确判断,理解孩子之间产生矛盾的原因。案例1中顺顺和仔仔发生冲突,是因为孩子缺乏交往技巧,仔仔想玩拼图,但没有正确表达自己的想法,从而导致了同伴之间的冲突。案例2中果果和牛牛之间发生冲突,一方面是孩子缺乏交往技巧,牛牛在滑下滑梯时没有提醒果果他要下来,而果果向妈妈告状,妈妈的袒护又引发了争辩;另一方面主要是家长插手干预且夸大其词,从而使矛盾升级。

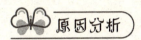
原因分析

孩子与同伴发生冲突、受到欺负,家长难免着急。这时,家长应平复自己的情绪,反思自己的教育方式,了解孩子之间发生冲突的原因,帮助孩子分析问题,共同找到解决问题的对策。

一、家长对冲突的认识存在误区

对于学前阶段的孩子,发生冲突往往是由于缺乏恰当地表达情绪情感或想法的方式和能力。有时,孩子之间的冲突并非真正的冲突,孩子的"欺负",并不是真正的欺负,而是孩子之间特殊的交往方式,或是孩子之间的游戏。比如,孩子为一个玩具而争吵,甚至大打出手,可是转眼之间两人早已和好,把争吵抛到九霄云外,根本没当一回事儿了。如果这时家长还在为刚才的"欺负"而耿耿于怀,就是对孩子的"欺负"行为认识不清了。这时,家长最好不要轻易定义孩子爱"打人"或总被"欺负",更不宜将孩子之间的小冲突上升到道德层面,给"挨打"

的孩子贴上"窝囊"的标签,给"打人"的孩子贴一个"暴力"的标签。此外,家长应该认识到孩子在幼儿园或其他场所玩耍时,磕磕碰碰是常有的事情,如案例2中,两个孩子碰在一起,发生一些争执和冲突,并不是谁欺负谁的问题。倘若家长总是纠结于"打"与"被打"、"欺负"与"被欺负",表现得过度紧张,只会把孩子成长过程中阶段性的正常行为强化为问题,适得其反。

二、孩子的性格使然

有的孩子性格偏内向,比较安静、胆小,到了幼儿园或者户外等新环境之后缺乏安全感,不知道该如何与人相处。这类孩子的内心大多是脆弱、敏感、焦虑不安的,而且依赖性很强,遇到事情不是先想着自己怎么解决,而是总依赖别人。在日常生活中,若被人欺负了,他们总想着由爸爸妈妈帮自己解决,而在幼儿园就依赖于老师。要么是被欺负了,默不作声,根本没有反抗的意识和勇气,不敢积极面对,也不懂得寻求他人的帮助。这样,久而久之,孩子就可能成为经常被欺负的对象,成为"受气包"。如果第一次受到欺负后,孩子不敢反抗,回到家也不敢告诉家长,长此以往就可能会影响孩子的心理健康成长,使孩子的性格变得更加软弱。

三、孩子缺乏交往技巧

幼儿期的孩子处于自我中心阶段,尤其是小班的孩子,往往是动作先于语言,在与他人的交往中缺乏技巧,不会与同伴协商、共享、谦让、等待、轮流等。就如案例1，仔仔看到顺顺手上的玩具想要玩，就直接伸手去拿，由于力度比较大，把玩具撒在地上，顺顺抓仔仔，导致仔仔大哭，这就是由于孩子缺乏交往技巧。仔仔没有正确地向顺顺表达自己的想法，而顺顺也没有恰当地与仔仔协商，两人都是用动作代替了语言，从而造成了同伴之间的冲突。还有些家长为了让孩子懂礼貌、讲文明，经常对孩子谆谆告诫"不许打人"，却没有引导孩子学会正确的社交方法。时间长了，孩子便会觉得"打人"是一件非常不好的事，结果在真正被欺负的时候也只会一味退让，甚至感到无助、畏缩，不懂得自我防卫。因此，孩子间冲突的产生多是由于他们不会恰当地表达自己的想法，不会与人沟通，缺乏必要的社会交往技能而引起的，这也是该年龄段的孩子社会性发展的典型特点，而冲突的解决将有利于孩子走出以自我为中心。

四、家庭教养方式不当

那些总是被欺负的孩子，其父母在教养方式上往往存在一些问题。一是简单粗暴、比较强势，甚至用暴力教育孩子。家长经常因为一点错误就训斥孩子，使孩子总处于一种不知所措的心态，内心缺乏安全感，遇到问题也不知道如何表达自己的情绪。二是过于严厉苛责、过分要求。家长对孩子的方方面面都要求严格，要求孩子听话，当孩子的表现没有达到父母的期望时，就会严厉地教训孩子、责骂孩子，甚至体罚，从而使孩子缺乏自信，不敢表达自己的想法，形成自卑、软弱、孤僻、事事退缩的性格，这样更容易受到欺负。三是溺爱娇惯、过度保护。家长不让孩子做力所能及的事情,对孩子包办代替,宠着、护着,把孩子保护在一个绝对安全的状态之下,使其从来不承受外来的刺激或打击。孩子没有自我保护的意识和能力,不知道如何去抵抗外来的侵扰,久而久之成了生活中的"低能儿",也形成了一些霸道、自私、没礼貌的习惯,且缺乏规则意识,不懂谦让和妥协等。就如案例2中的果果,遇到问题就向妈妈"告状",妈妈的过激反应和袒护又使得果果更加委屈,这样的孩子在生活中反而更容易遭受欺负,导致孩子更加胆怯和娇气。

五、生活环境太单一

有些孩子在家里可能很活泼,但是一到户外或集体环境中却变得胆小、不知所措,不知道该如何应对集体生活,家长再怎么着急也没有用。这样的孩子有可能是生性胆小,但也有可能是因为生活环境太单一。家长不常带孩子到户外活动,不注意引导孩子与外界交流,极少让孩子参加集体活动,孩子每天和家里的几个成人一起玩,而几乎没有或缺乏同龄的玩伴和朋友。这样在温室里待了太久,缺少与同龄孩子的交往,缺乏社会化的体验,孩子自然容易对外界感到陌生、不安全,或者回避。另外,在孩子的成长过程中,如果爸爸参与得很少,也容易导致孩子胆小、怯懦,而由爸爸经常带的孩子则表现得更加勇敢、自信。

六、孩子受欺负后家长教育的误区

孩子受了欺负,家长若不能正确引导,将会影响孩子的身心健康。

（一）训斥、数落孩子

孩子被欺负后，家长最不当的行为是再次教训孩子。有些家长得知孩子受到欺负且不敢还手，情绪很容易冲动，甚至气得失去理智，认为自己孩子无能，就教训、嘲笑，甚至打骂他们。被人欺负的孩子此时可能已经变得抑郁、沮丧、委屈，在家长面前得不到安慰和帮助，还被家长责骂。这样，孩子受到的伤害反而更大，他们甚至会认为自己毫无用处，以后受欺负就不愿也不敢告诉家长。若孩子不向家长倾诉苦衷，不幸便是双倍的：既得不到亲情的抚慰，又得不到父母的帮助和引导。

（二）教导孩子打回去

一些家长在孩子被欺负时，不分青红皂白就鼓励孩子打回去，绝不能吃亏，就如案例1中顺顺的妈妈看到孩子受到欺负，气愤地引导孩子"以后谁抓你，你要抓他！要比他更厉害"。打回去是一种保护自己的方式，但却不应该被教导。教孩子"打回去"，实质上是教育孩子用暴力手段解决与伙伴之间的矛盾、冲突。鼓励孩子睚眦必报，是强化了攻击性，传递给孩子一个错误的社会交往方式，可能会使孩子变成一个攻击性强的儿童。这样的孩子，不仅变得心胸狭隘，还失去了朋友，这对他将来的成长是非常不利的。因此，教导孩子"打回去"不但不利于孩子正确、恰当地处理同伴间的小冲突，反而会使"小摩擦"升级，让孩子迷信拳头、暴力，甚至造成身心伤害，不仅不利于他们的健康成长，还可能将他们引向未来违法犯罪的方向。当然，如果超出了普通打闹的范围，家长应告诉孩子保护自己的方法。

（三）家长介入孩子的纠纷

有的家长在得知孩子受到欺负时，出于心疼孩子、为孩子打抱不平的心理，不问缘由急于插手解决矛盾，甚至直接去警告对方或实施惩罚，从而使得孩子间的摩擦演变成了家长之间的冲突。这样不仅会使事态扩大化，还不利于解决问题，更不利于孩子的成长。正如案例2中，原本孩子之间的小冲突却上升到了大人之间的矛盾，家长这样毫无顾忌地宣泄情绪，会让孩子跟着模仿，从而造成反面教育。而且，如果这件事孩子本身也有错，家长的盲目介入则容易让孩子是非不分、不明事理。另外，由于家长出面保护，久而久之，孩子习惯于依赖家长解决与同伴的冲突，很容易产生依赖性。

（四）教孩子不和打人的孩子玩

"以后不许再和××玩了！""××是个坏孩子，离他远点！"这样的处理方式也不利于孩子的成长。教导孩子不和"欺负"他的孩子玩，实质上是在教育孩子逃避现实问题。这样只能使孩子更难融入集体，不敢与他人交往，从而变得内向软弱，也没有让孩子学会如何解决同伴冲突，阻碍了孩子交往成长的机会。当然，家长也应对欺负人的孩子进行一定的了解，如果这个孩子确实是经常欺负别的小朋友，蛮横、霸道、不明事理，那么，家长就可以教育孩子适当远离他。

（五）急于对孩子问寒问暖

孩子间产生冲突是常事，一般不宜急于向孩子追问，因为不恰当的询问会让孩子紧张，本来没有什么，一问反而觉得真受委屈了。比如，得知孩子受欺负了，家长先向孩子问一些"是不是很疼"之类带有暗示性的话语，就会让孩子觉得更加委屈，觉得自己有了依靠，而不会再想着要自己解决问题了。如案例2中的果果，在妈妈的过度关心下，显得更加委屈，有意夸大自己的感受，这样只会增强孩子的依赖性，让孩子不能正确面对同伴冲突，还难以学会与人交往。一般来说，孩子之间的冲突，无非就是相互推搡、拍打、抓挠，如果没有严重的伤害，父母完全没必要大惊小怪。要从培养孩子的爱心出发，尽可能地去淡化人与人之间的"敌意"，教孩子宽容待人。

（六）事事都报告老师

有的家长经常鼓励孩子"谁要欺负你，你就报告老师"，甚至得知孩子受欺负后，直接到幼儿园亲自告诉老师或质问老师。其实，孩子之间发生点小摩擦是常有的事，有时吃点亏也是免不了的。如果时时鼓励孩子告诉老师，甚至家长出面，那样会使孩子失去自己解决问题的机会，不利于孩子的成长。告诉老师虽不失为一种办法，但事事都"报告老师"，孩子可能会被同伴看不起，还会成为一个依赖性很强的人。家长不分缘由地责怪老师，不仅损害家长自身形象，不利于家园共育，更不利于孩子成长。孩子的事可以让孩子自己去解决，家长和老师更多的是起引导作用。

（七）完全不闻不问

孩子被欺负后，既不能过于紧张，也不能不闻不问。有的家长认为孩子间打打闹闹是很正常的事，等长大了就好了。当孩子在幼儿园被捉弄或欺负后,家长不以为然、置之不理,即便孩子告知家长,家长也表现得无关紧要。这样,孩子受欺负后的消极情绪没有得到安慰和宣泄,关于怎样解决也没有得到正确的引导,久而久之,可能会影响孩子心理的健康成长。孩子可能会用不当的方式发泄情绪,也可能会让自己的情绪压抑。比如,会用暴饮暴食发泄苦闷和烦恼,看到动画片里弱小者受欺负也会胆战心惊,害怕这种遭遇会落到自己头上。长此以往,可能会造就孩子软弱的性格,也将影响孩子的社会交往。

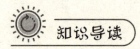

一、同伴冲突的内涵与特点

同伴冲突是指幼儿与同伴之间进行的一种相互对立的行为过程。这一过程是一种人际互动过程,是幼儿之间的一种直接的对立关系,具体表现为交往双方在动作、语言、情绪等方面的对立或对抗。

幼儿的冲突行为具有以下特点:一是冲突发生的频率高。由于幼儿的认知发展水平有限,比较以自我为中心,还不能站在他人的角度考虑问题,且社会交往经验较少,缺乏必要的社会交往技能。因此,幼儿之间常常由于一些小事而发生冲突。二是持续时间短。幼儿注意力集中时间较短,容易受到干扰,且情绪易变等年龄特点,使得他们对冲突的注意力容易分散,比如,上一秒还在为争抢一个玩具而哭泣,下一秒就因为其他新鲜的事物和好了。因此，幼儿发生冲突持续的时间相对较短。三是冲突行为多样化。幼儿与同伴之间发生的冲突行为主要有：身体攻击（如互相推搡、推挤、打、踢、抓人、咬人等）、言语攻击（如骂人、威胁、命令等）、干涉控制、拒绝与别人玩耍、毁坏物品等。

二、同伴冲突的类型

冲突行为在幼儿的互动过程中是经常发生的。根据幼儿之间发生冲突的主要起因，可将同伴冲突问题大致分为四类。

一是资源争抢引起的冲突。为争夺物品（如玩具）、空间（如游戏场地）或游戏（如角色）而发生的争执是学前阶段幼儿冲突的主要类型，这与幼儿的自我意识，以及以自我为中心的社会性发展水平有关。

二是观点或意见分歧引起的冲突。随着幼儿年龄的增长，认知水平的发展、生活经验的不断丰富，他们开始对各种事物或现象提出自己的想法甚至是质疑，加上幼儿所处的成长环境不同，他们的经验和认识有差异，因此产生了意见分歧而引起的冲突。

三是规则维护引起的冲突。游戏中隐含规则，每个参与游戏的幼儿必须遵守规则，正是规则促使幼儿持续参与游戏并使游戏顺利进行。随着幼儿年龄的增长，规则意识也在逐渐增强。因此，在游戏中，幼儿常常会由于同伴违反了游戏规则，为了维护规则而与之发生争执。

四是身体动作引起的冲突。身体动作冲突分为有意和无意两种：一种是故意侵犯他人，有的幼儿好斗好动，有意挑衅伙伴而引起冲突；另一种是无意触碰引发的冲突，幼儿有时由于动作幅度过大或不经意触碰到伙伴引发冲突。

随着幼儿年龄的增长,同伴冲突的问题类型有了一定的变化和发展,由物品空间引起的冲突逐渐减少,而关于规则维护、社会环境控制权方面的冲突越来越多。

三、同伴冲突对儿童发展的价值

同伴冲突可能会给幼儿带来消极情绪,或者身体上的不适,但对于幼儿的社会交往能力、语言表达能力,以及情绪情感的发展具有重要意义。冲突是幼儿了解同伴、学会和同伴交流、调节自我情绪、学会自我控制和适应社会发展的过程。

首先,幼儿在同伴冲突中逐渐提高社会交往能力。冲突为幼儿提供了一个真实的互动交往情境,使幼儿逐渐学会轮流、分享、协商、谦让、等待等社会性品质,增加幼儿对自我的认知,帮助幼儿积累社会交往经验、学习社会规则和行为规范,促使幼儿逐渐摆脱自我中心,学会从他人的角度看问题、解决问题,并提高交往的技巧,建立良好的同伴关系。

其次,同伴冲突可以提高幼儿的语言表达能力。在幼儿冲突过程中,必然伴随着思维、言语、注意等认知活动。随着幼儿年龄的增长,他们不再总是用武力解决问题,而更多地用协商的方式结束冲突。在冲突发生、发展、解决的过程中,幼儿的思维能力、语言表达能力得到了提升。

最后,同伴冲突有利于幼儿社会性情感的发展。幼儿之间的冲突发生在真实的交往情境中,它为幼儿提供了一个表达、体验、调节、控制自我情绪情感状态的机会,同时也使得幼儿能够理解、体验他人的情绪情感状态。如果成人能够巧妙地引导幼儿解决冲突，幼儿将获得积极的情绪体验，从而促进其情感的社会化。

总之，家长应了解幼儿冲突的内涵与特点，注意识别幼儿冲突的类型，认识到冲突对幼儿发展的积极意义，保持一个积极平和的心态，才能有效引导幼儿合理应对同伴冲突。

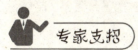

孩子之间发生冲突是其社会化发展过程中必然经历的事情，孩子能在冲突中学会与人交往，提高人际协调能力，建立同伴关系。对于案例1，老师应及时教给孩子正确的交往方式，引导孩子学会用语言与同伴协商，正确表达自己的想法和感受，并与家长取得联系，使家长在家中对孩子做好引导。对于案例2，家长应引导孩子学会表达，对于孩子之间的争执尽量做到引导而不是干预，鼓励并帮助孩子找到解决问题的办法，提高孩子解决冲突的能力，不应把孩子之间的冲突视为极其严重的问题，而应将之视为孩子学习与人交往、解决冲突、自我成长的机会。

一、倾听孩子的心声

当得知孩子受欺负后，家长首先应接纳孩子的情绪，帮孩子识别和表达出他的心情。受到欺负的孩子会有多种消极情绪，如害怕、愤怒、伤心、痛苦或困惑。首先，家长要耐心地倾听，引导孩子将事情的经过讲清楚，鼓励孩子诉说心里的感受，理解孩子的情绪，允许孩子用哭泣的方式表达情绪，如尽情地大哭一场。其次，给予孩子适当的安慰，如给予孩子拥抱、抚摸孩子的头和肩、说一些关心的话，如"你当时一定很难过""他让你不舒服了"……这样，孩子的心情不仅能渐渐地平静下来，其内心的痛苦与焦虑得到缓解，还能感受到来自亲人的温暖和爱，也增进了亲子感情。反之，如果家长情绪激动，或用愤怒、嘲笑、逼迫的方式对待孩子，就会让本来就无助的孩子更加懦弱、胆怯，甚至压抑自己的情绪，产生自卑的心理。

二、和孩子共同分析原因商讨对策

在倾听孩子的过程中，家长应努力了解事情的原委，以便做好有针对性的引导，进而和孩子共同分析"为什么会发生这样的事"，如可以问问孩子"你准备怎么办"，鼓励他说出自己的想法，与孩子一起商讨处理问题的方法，尽可能引导孩子正确面对和同伴的矛盾。第一，如果矛盾是由孩子自己引起的话，家长要让孩子认识到自己的错误行为，并主动、真诚地向对方道歉。第二，如果对方的行为是无意识的，家长应教育孩子原谅对方，让孩子知道拥有一颗宽容之心是一种美德。如案例2中果果的妈妈，可以先询问和了解情况，引导果果原谅牛牛的无心之过，而不是盲目袒护。第三，如果是对方故意挑起矛盾的话，特别是当"欺负行为"总是有针对性地发生在自己孩子身上时，家长可以引导孩子适度反击，或者鼓励孩子毫不畏惧地用声音表示强烈的抗议。

三、鼓励孩子多交朋友

在日常生活中,家长应鼓励孩子多交朋友。孩子的朋友越多,他就会越开朗自信,受到欺负的机会也就会越少。特别注意的是,不要因为孩子受欺负,而约束孩子与其他小朋友的交往。家长要有意识地为孩子创造外出活动及与他人交往的机会,在与同伴的交往中增进友情,学会分享、协商等。这样既造就了孩子开朗的性格,无形中也让孩子学会了勇敢面对挑战和挫折。如家长可有意识地引导孩子邀请伙伴到家中做客,帮助他们建立友谊;同时也鼓励孩子参加集体活动,以便结交一些好朋友,一起玩并结伴而行。

四、教给孩子正确的交往方式

如果孩子经常受欺负,其交往方式可能有一定问题。家长应该帮孩子调整与同伴交往的策略,教给孩子一些必要的交往技能,培养孩子与同伴相处的能力,比如,礼貌、协商、谦让、主动关心等。深受孩子喜爱的少儿节目如《巧虎》和《智慧树》等,其中有一些介绍如何与别人友好相处、如何表达自己不满的内容,可以有选择地给孩子看。还有一些关于友情的绘本,如关于爱的故事系列《坏脾气的格拉夫》《对不起》《小老鼠与大老虎》等,家长可以与孩子共读,并扮演其中的角色。此外,在具体的事件中,家长要放手让孩子自己去面对自己的事情,在和朋友交往相处中,不要怕孩子吃亏,切忌过分保护。孩子正是在这样的过程中,通过亲身体验委屈、挫折、冲突,逐渐学会交往的。

五、注意培养孩子良好的性格

在日常教育中,家长应注意培养孩子良好的人格特质,建立孩子内在的安全感和自信心,发展孩子的社会性和情绪能力,从而形成孩子自身的强大气场,保护自己不受欺负。一个内心真正强大的孩子,他的言行、表情,甚至眼神都会透出一种自尊、自信的感觉,这就是正气场;而一个总是被欺负的孩子通常都具有自卑、消极的负气场。因此,家长可引导孩子多参与社会性活动,多为孩子创造成功的机会,帮助孩子树立自信心,克服自卑、胆怯的心理,任何时候都坚信"我能行!我可以做得很好"。

六、教育孩子学会宽容待人

孩子间的打闹争斗是平常事,是他们交往过程中必然要经历的。孩子就是在今天吵明天好的过程中互相磨合,逐渐学会与人相处的,我们不能以成人的标准去衡量孩子的行为。父母应该有坦然的心态,顺其自然,相信孩子通过摸索实践,最终会找到和各种各样的孩子交往的方法。孩子之间应以友情为重,以和为贵,多做正面引导和教育,培养孩子宽容待人的品质。比如,家长可以这样引导:在这件事情上同伴确实有做得不对的地方,此时同伴一定也很内疚,我们都是好朋友,要学会原谅别人。然而,具体问题具体对待,如果孩子屡次受到无理或有意的攻击,则不能教导孩子一味宽容、忍让。

七、让孩子学会自我保护

有的孩子面临欺负或遭受欺负时，一声不吭；有的甚至吓得往后退缩，非常害怕；还有的只会哇哇大哭，这些都是孩子懦弱的表现。家长应教给孩子一些自我保护的方法。一是大声叫喊求援、表示抗议。受到欺负，大声呼喊不仅能引起周围人的注意，得到别人的帮助，也会使欺负人的孩子心理上产生一种畏惧感。二是坚定地说"不"。用严肃的目光盯着别人并严厉地说："我不喜欢你这样嘲弄我。希望你以后不要这样！"在美国的教室里，通常会贴着这么一张海报，它提醒孩子：遇到自己不乐意的事情时，不要像老鼠一样温和顺从，不要像狐狸一样狡猾欺骗，也不要像狮子一样怒吼咆哮，正确的态度是要自信、坚定地维护自己的权益。三是必要的时候进行还击。当同伴无理地对自己进行身体伤害且协商无效时，可适当地进行还击，保护自己的身体不受伤害。适当的还击，可以树立自己的威信，同时还可以扩大交际圈。

八、鼓励孩子自己解决问题

孩子总是要长大的，要独立面对来自生活各个方面的冲击，我们不可能永远做孩子的保护伞。要相信孩子，让孩子学会在保护自己的前提下，独立面对外来的各种挑战，自主应付各种问题，寻找解决问题的最佳方法。即使孩子没有很好地解决冲突，亲历失败的经验也是一种积累。孩子独立解决问题后的成就感是言语教育和行为指导无法取代的。如案例2中的果果和牛牛，家长就应鼓励孩子自己解决问题，培养孩子的自主能力。一是培养孩子独自解决问题的意识。在生活中，注意给孩子创设独立解决问题的机会，培养孩子的独立意识和能力，切勿让孩子形成对家长的依赖。二是教给孩子独立解决问题的方法。在孩子自己处理冲突的过程中，家长要教孩子学会协商、谦让、互助、合作等交往方式，积累人际交往的经验。

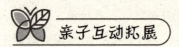
亲子互动拓展

一、绘本阅读

（一）《小老鼠和大老虎》

绘本《小老鼠和大老虎》中介绍了小老鼠和大老虎是一对好朋友，可是，他们之间存在着种种不平等，这使得小老鼠做出了离开大老虎的决定……绘本故事体现了真正的朋友是需要以诚相待、平等互利的，是需要设身处地为对方着想的。当发生冲突的时候，更需要双方都付出努力：一个要学会妥协，一个要学会原谅——这是化干戈为玉帛最有效的方法。

家长可以在家中与孩子共读绘本，体会文中人物的情感变化，并分别扮演小老鼠与大老虎，让孩子体会小老鼠面对大老虎的故意欺负时，它是如何抗议的，之后大老虎又如何用真诚取得了小老鼠的原谅。表演结束后，和孩子谈一谈当小老鼠和大老虎的心情分别是怎样的，从而引导孩子在生活中正确面对同伴冲突。

（二）《我要吃了你》

绘本《我要吃了你》是一本帮助孩子巧妙解决同伴冲突、建立良好同伴关系的有趣的绘本。绘本讲述了一条机智、勇敢的小鱼在面对危险时，大胆地说出自己的想法，表达自己的意愿，采用请求的方式获得对方的援助，从而一次次解决冲突、摆脱困境，甚至化解危机，与对方化敌为友的故事。

家长可与孩子共读绘本，感受故事中小鱼找妈妈的全过程，体会小鱼在遇到问题时，是如何独立应对，如何用自己的机智化解冲突，而不是求助于父母的。同时，让孩子扮演小鱼，能使之体验小鱼的机智、勇敢、独立。在生活中，当孩子与同伴发生冲突时，还可以用拟物化的语言提醒孩子"你是那条勇敢的小鱼哦"，鼓励孩子自己解决问题。

二、角色扮演

家长和孩子一起玩"打闹"或"好人与坏人"的游戏。比如，家长扮演"坏人"，孩子扮演"好人"，家长有意追打孩子，并假装打孩子身体的某个部位，看孩子是否会迅速躲避、保护自己，也可以对孩子连续"攻击"，引导孩子适当还击。家长和孩子可以轮换角色，让孩子获得不同的体验，增强心理能量。在这样的游戏中，孩子逐渐学会躲避危险、保护自己。

三、交朋友

利用孩子生日或者节日的时机，邀请几个常欺负他的小朋友到家里玩。通过共进美食、游戏，以及家长的巧妙引导，化解孩子之间的矛盾,增进孩子的友谊,也帮助孩子扩大了社交面,培养了孩子宽容大度的心胸。孩子之间的冲突或矛盾本身化解得就很快,再通过这样的方式予以调和,更能使得孩子懂得珍惜朋友,学会与人相处。

 推荐

图书:

1. 你不能参加我的生日聚会——学前儿童的冲突解决. [美]贝齐·埃文斯著. 洪秀敏,等译.

2. 朋友还是敌人:儿童社交的爱与痛. [美]迈克尔·汤普森,[美]劳伦斯·科恩,[美]凯瑟琳·奥尼尔·格蕾斯著. 钟煜,译.

3. 妈妈,他们欺负我:帮助孩子解决社交难题. [美]麦克尔·汤普森,[美]劳伦斯·科恩,[美]凯瑟琳·奥尼尔·格蕾斯著. 游戏力翻译组译.

4. 孩子胆子太小,妈妈怎么办. 周传富著.

第八章　轻松度过幼小衔接期
——孩子要上小学了

　　从幼儿园到小学，不是翻山越岭，不是跳跃大沟深壑，也不是进入天壤之别的生活，而是童年生活的一种自然延伸和过渡。

——虞永平

　　儿童的一切教育都必须遵循一个原则，即帮助孩子身心自然的发展。

——[意]玛利亚·蒙台梭利

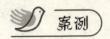

案例1：盼望上学的明明

明明要上小学了，兴奋不已，问题不断。每天都会问妈妈："我马上要上小学了，我该做哪些准备呢""小学是什么样子的？教室和幼儿园的一样吗？教室里有厕所吗""老师是怎么上课的呢""小学生是怎么学本领的呢""他们中午也在学校睡午觉吗""什么时候会戴红领巾呢""上了小学是不是每天都要做作业？如果我完不成家庭作业该怎么办呢"……小明对小学充满了好奇和期待，每天都有问不完的问题，有时妈妈都不知道怎么回答了。

案例2：害怕上学的丫丫

丫丫还有一个学期就要从幼儿园毕业上小学了，家里的气氛与往常有些不同，首先是五花八门的玩具已被束之高阁。爸爸妈妈也平添了几分紧张，生怕孩子适应不了紧张的小学生活，也怕孩子输在小学的"起跑线"上。于是，从幼儿园回家后或者在周末，妈妈就带着丫丫在书房开始学习算术、识字、拼音等知识。再来看丫丫，一想到以后不能和幼儿园的小朋友一起玩了，马上一脸的不高兴。丫丫求着妈妈说："妈妈，我不想上小学，我想继续上幼儿园。"妈妈问丫丫："为什么？"丫丫边哭边说："我上了小学就不能和幼儿园的小朋友一起玩了，我会想他们的。再说了，小学有那么多知识，万一我学不会怎么办？"丫丫显得特别焦虑,这使得妈妈也更加紧张,不知所措。

上小学是孩子生活中的一件大事,这意味着孩子将由以游戏为主的幼儿园生活进入以学习为主的小学生生活。孩子会对上小学充满期待,甚至兴奋不已,如案例1中的明明对小学生活充满了好奇和向往。同时,孩子也会对上小学产生担忧的情绪,这都是孩子的正常表现。家长应积极地给予引导和回应,配合幼儿园帮助孩子了解小学的生活,并让孩子做好积极的心理准备。而案例2中丫丫对小学的焦虑和担忧,则是由于家长对入学准备的片面认识,以及对丫丫的不正确引导。同时,家长的焦虑和担心更加重了孩子的心理负担,从而影响孩子的入学适应。

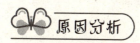

一、家长对幼小衔接缺乏正确的认识

(一)幼小衔接等于多学知识

在一些家长眼中,"幼小衔接"就代表着知识的承接和过渡,入学准备就是提前学习识字、拼音等系统的文化知识。到了幼儿园大班,很多家长为孩子要不要上学前班而纠结。家长们几乎都有着"不能输在起跑线上"的恐慌,再加上跟一些已经上小学的孩子家长交流所得来的信息:"我家孩子上小学后,拼音跟不上,字写不好,数学算不对,我真后悔当初没让孩子上学前班""小学里的拼音会讲得非常快,学前班一定要上,否则跟不上的"……于是,这些家长越发焦虑,或者在家中提前给孩子教授汉字、拼音、算术等知识,或者利用周末、假期给孩子报课外班进行补习,甚至让孩子放弃上大班而转向社会上的幼小衔接班。家长的焦虑势必会影响孩子,不利于孩子对小学形成积极期待,更有碍于孩子的入学适应。很多家长过分重视片面知识的灌输和局部技能的训练,忽视了学习兴趣、学习能力、学习习惯的衔接和生活经验的积累。就如案例2中丫丫的时间被各种小学知识的学习填满,而没有了自由游戏的时间。这些做法违背了孩子的身心发展规律,给孩子带来了生理和心理上的负担,影响孩子对学习的兴趣,从而产生逆反心理,致使孩子厌学。提前学过小学知识的孩子刚入小学时会感到轻松,自以为老师教的知识都学过了,就不认真听课,从而养成上课不专心的习惯。

（二）幼小衔接等于突击教育

许多父母认为,幼小衔接是升入大班后才能做的事儿。当孩子到了大班下学期时,便着手进行这项工作,以致出现了大班下学期"加班""加码"现象,使此学期成了"集训期""超负荷期",导致孩子"消化不良"。如案例2中丫丫的父母,在丫丫大班下学期对丫丫采用临时突击教育的方法进行小学知识的学习,使得丫丫对小学生活产生紧张和担忧。因此,不正确的引导和强化训练会使孩子对小学生活产生恐惧心理。虽然幼小衔接主要集中在从幼儿园大班到小学一年级这段时间里,但是很多准备工作却贯穿于整个幼儿阶段,如习惯的养成、性格的形成、能力的提升等。幼儿园从小班开始就重视培养孩子的规则意识、自我服务能力、自我管理能力等。到了大班，幼儿园在作息时间上也会有所调整，慢慢向小学靠拢，如为孩子布置一些作业，培养孩子的任务意识等。可以说，整个学前期都应是为孩子入学打基础的时期。幼小衔接，不是一个能够临时突击的短暂过程，而是需要从幼儿园阶段开始，一直持续到小学一年级全学年的长期过程。因此，真正做好幼小衔接，绝不能等到幼儿园大班下学期，我们需要从幼儿入园甚至更早的时候就开始做好准备。

（三）幼小衔接不需要准备

有的家长认为幼小衔接只是孩子的事儿，只要让孩子做好准备即可，于是，家长不断地催促孩子、监督孩子，以致孩子压力倍增，对小学产生恐惧、焦虑。其实，在孩子成长的每一个关键阶段，家长都需要转换自己的角色，不断学习和自我成长，从心理上和情感上给孩子最大的支持和帮助，让孩子在人生的每一个转折点都走得更加从容。因此，需要经历幼小衔接这个适应过程的，除了孩子，还有家长。我们需要和孩子一起提前做好充分准备，完成自我角色的转变，让孩子更加从容地进入小学。首先，需要清楚认识自己的角色。家长可以不断给自己心理暗示，告诉自己即将成为一名小学生的家长了，从而让我们的言行举止发生一些变化。同时，我们还可以从其他家长那里获得相关的信息和经验教训，比如，主动向家里有小学生的亲朋好友咨询和请教，了解他们作为小学生家长的角色定位和心理感受，获得各类教育问题的处理经验等。其次，尽量调整好自己的生活节奏和作息时间，为孩子入学做充分准备。当孩子入学后，每天的作息要有序、有规律，如用餐、学习、休息都应安排在相对固定的时间。因此，我们可以和孩子一起，根据学校的作息时间，制定一份新的家庭作息时间表。最重要的是，我们需要以身作则，带头按新的作息时间安排自己的生活，给孩子树立一个良好的榜样，为孩子的成长营造一个良好的家庭氛围。

二、过于强调或夸大了幼儿园和小学的差异

在入小学前的半年甚至一年里，很多家长经常这样对孩子说："现在开心地玩吧！等你上了小学，可就要苦喽""现在做事情这么拖拉，等你上了小学，看你怎么完成那么多作业""等你上了小学，你就没有时间玩了"……类似的"恐吓"语言还有很多，说者无心，听者却会有意，孩子听多了，就会认定小学是痛苦的，甚至对小学产生恐惧。幼儿园和小学是相互衔接的两个教育阶段，两者在教育性质、课程设置、教学方式等方面确实存在着诸多不同。家长需要帮助孩子在这两种学习与生活模式之间平稳过渡，而不是夸大这种差异，徒增孩子的心理焦虑与负担。幼儿园中的幼儿转变成小学里的小学生，是儿童成长历程中一次重要的身份转变，这是儿童在人生的长坡上继续前行的一个里程碑。从幼儿园到小学，不是翻山越岭，不是跳跃大沟深壑，也不是进入天壤之别的生活，而是童年生活的一种自然延伸和过渡。

三、社会上"小学化"思潮和教育的影响

《中华人民共和国义务教育法》和每年都发布的有关义务教育招生的相关法规政策，以及《教育部关于规范幼儿园保育教育工作防止和纠正"小学化"现象的通知》已经明确规定：严禁小学举办任何形式的入学选拔考试，严禁小学一年级以任何理由压缩课程或加快课程进度，整治"小学化"教育环境。2018年7月，教育部办公厅专门开展幼儿园"小学化"的专项治理工作，以促进幼儿身心健康发展。

但是，仍有个别幼儿园受市场化逐利因素驱使，迎合家长抢招生源而进行"小学化"教学。有些小学依然对在园幼儿开展入学测试，内容涉及拼音、加减法等。这些家长为了应付幼升小考试，想为孩子争取到更优质的教育资源，被迫让孩子在上幼儿园的年纪，早早地学习小学一、二年级的课业。此外，据媒体报道，书店的学前教辅类书如《幼小衔接天天练》《学前1000字》等幼升小测试卷和辅导书热销。这些社会因素影响着家长，不同园所的家长相互攀比，使他们更加坚定地认为孩子应该提前学习文化知识。家长越发焦虑与功利，家长的心理需求又为各类社会教育机构及一些幼儿园提供了"小学化"的空子。每到中班升大班，许多严格按照教育部门要求执行的幼儿园出现了大批的退园潮，这些孩子被家长转到有学前班的幼儿园或者社会开办的学前班。以上现象都反映出家长对于孩子学前教育的盲目性。

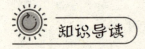

一、幼小衔接的科学内涵

幼小衔接是指幼儿园和小学两个相邻教育阶段之间在教育上的互相连接。此时恰好是结束幼儿园生活、开始接受正规小学教育的初期,也是幼儿心理发展的一个转折期,幼小衔接实质是幼儿连续的、不断发展的社会性、心理、身体发展上的衔接。

幼小衔接不是提前教育,更不是超前教育,而是以情感和能力为核心的全面的教育。其衔接工作不是学前教育和小学教育单方面的事情,而是需要幼儿园、小学和家长三方面一起为儿童的入学适应做努力,三方要协作配合。科学的幼小衔接,关键是幼儿园、小学和家长要了解、理解并遵循幼儿身心发展的规律和学习特点,共同营造有利于幼儿适应小学生活的氛围,采取符合幼儿发展特点和有利于幼儿可持续发展的措施,循序渐进、因势利导,帮助幼儿顺利地从幼儿园跨入小学的学习生活。

儿童的发展既是阶段性的,又是连续性的,一个孩子绝不是在跨入小学的那一天突然失去幼儿的特点的。发展的连续性规律决定了在衔接时间内幼儿园和小学两个阶段的特点同时并存,且相互交叉。因此,我们应全面地看待幼小衔接工作,既要考虑到认知内容的衔接,更要考虑到身体、情感、态度、社会等内容的衔接。

二、幼小衔接的意义

我国《幼儿园工作规程》明确指出:"幼儿园教育应和小学密切联系,互相配合,注意两个阶段教育的相互衔接。"《幼儿园教育指导纲要》也指出:"幼儿园应与家庭、社区密切合作,与小学相互衔接,综合利用各种教育资源,共同为幼儿的发展创造良好的条件。"

做好幼小衔接,帮助儿童实现由幼儿园向小学的平稳过渡,对于儿童入学后的适应和未来的健康成长与发展具有重要意义。

一是促进儿童的身心健康发展。科学的幼小衔接有效缩减了幼儿园和小学之间的差异,能够帮助儿童积极主动地调整自我身心状态,减轻心理压力和焦虑,使之在新的环境中能够保持稳定的情绪、愉悦的心情,较快地适应小学学习与生活,身心得以健康发展。

二是有利于儿童良好习惯的养成。行为习惯的培养是幼小衔接的重要内容,学前儿童正处于养成良好习惯的关键阶段。习惯的养成并非一朝一夕的事情,很多习惯一般要到小学甚至中学阶段才能真正养成,通过幼小衔接,帮助幼儿养成良好的生活习惯、卫生习惯、学习习惯等,为其未来的学习与成长奠定基础。

三是有利于增强儿童的人际交往与社会适应能力。人际交往是适应环境、生活和社会,形成良好个性的必要途径,是个人社会化的起点。幼儿园、小学和家庭形成教育合力,帮助儿童适应新的环境、新的学习生活。在相对稳定一致的环境中,儿童乐于与老师、同学交往,在友善的交往中体验友情,促进个体的社会化发展,较好地适应社会。

四是有利于增进学前儿童入学后的学业。小学时期是儿童发展历程中的一个重要时期，是儿童开始学校生活的第一个阶段。儿童能够适应从幼儿园到小学的生活，不但有利于入学后儿童的学习和发展，而且能为儿童的后续学习乃至终身学习打下良好的基础。因此，幼儿园和小学教育应针对儿童身心发展的特点和规律，采用有效的措施，以减少不当的教育因素给儿童入学带来的消极影响，有效帮助儿童顺利实现由幼儿园到小学的过渡。

三、学前教育和小学教育的区别

幼儿园和小学是两种不同类型的教育机构，它们对孩子的学习、生活、行为等许多方面的要求是完全不同的。幼儿园和小学两个阶段在很多方面都发生了不小的变化。

（一）环境的变化

进入小学后，学习环境与生活环境都发生了变化。幼儿园的环境布置得比较轻松活泼、生动，班级设置有活动区，游戏材料丰富且定期更新，儿童可以自由选择自己喜爱的活动。其学习、生活设施一般比较集中，活动室、盥洗室、餐厅等紧密相连，儿童生活起来比较方便。而小学里面有操场、体育馆、音乐教室等，平时，孩子们很多课要到专用教室上课。厕所、教室是分离的。教室环境布置相对简单和严肃，桌椅摆放固定，自由活动时间较少，没有丰富的玩具。

（二）作息时间的变化

幼儿园的一日活动很丰富，但是比较零碎，没有明确的时间标准。一般情况下，每天有1个小时左右的教学活动，其余时间以游戏为主，还有2个小时的户外活动，作息时间比较灵活，孩子有充足的休息、喝水、上厕所以及加餐的时间，管理上不强制。而进入小学后，生活节奏发生巨大变化。小学以课堂教学为主，每节课40分钟，上午3~4节，下午1~2节，课间休息只有10分钟，生活节奏快而紧张，对儿童的纪律和行为规范要求也有一定的强制性，有严格的作息时间，儿童的生活只能自理。

（三）教学内容和手段的变化

幼儿园的教师组织教学活动主要通过引导、游戏、玩教具、画面辅助等方法和手段，将教学内容渗透到游戏中，通过动手操作、亲身体验等实践活动让幼儿获得各种感性经验和社会生活知识。幼儿园以游戏为基本活动，没有家庭作业和考试，教师从幼儿的兴趣和需要出发，创设丰富的环境和条件，使之在各种活动中获得多方发展。小学阶段主要是通过课堂教学，使儿童掌握系统的科学文化知识，并在学习过程中获得身心各方面的健康发展。小学生有明确的学习目的和学习任务，有严格的考试和一定的家庭作业。而且上小学之后，一个班五六十个孩子，老师很难照顾到每一个孩子，这样的课堂对孩子听课的效率、注意力都有较高的要求。

（四）在人际关系上的变化

幼儿园注重保教结合，一日生活都有固定的教师与儿童朝夕相处，教师对儿童照顾有加、整天相伴，使儿童自然而然地对教师从心理上、生理上产生安全感、依恋感，儿童完全独立活动的机会较少。而小学生虽然有固定班主任，但小学教师与学生的接触主要是上课，和学生的交往相对较少。当儿童踏入小学，进入了一个全新而又陌生的班集体后，师生关系要重新适应和建立，这给儿童开始新的学习生活带来了较大的困难。因为大部分时间都在上课，只能在课前、课间和放学之后玩一小会儿，所以孩子和同学之间的交往也相对较少。

（五）在标准和要求上的变化

在幼儿园，学习是非义务的，整个学前阶段以促进儿童正常发育和身心健康发展，培养求知欲，丰富感性经验和积累粗浅知识经验，学习认识事物的简单方法和技能，培养良好的生活、行为习惯以及良好的性格等为主要任务，学习不强调系统性，没有压力。而到了小学以后，孩子就担负了一定的社会责任，老师和家长较重视孩子知识、能力的培养，对孩子的要求比较具体而严格，经常要接受各种考试，课业压力较大。小学阶段以学习书面语言为主，注重知识的系统化、全面性学习，纪律约束较强，这些使得刚进入小学阶段的儿童较难适应。

面对孩子对小学生活的好奇、兴奋、焦虑和担忧等不同表现，家长应关注孩子的情绪变化，给予正确引导，帮助孩子轻松度过幼小衔接期。案例1中的明明对小学充满了好奇和期待，这是很好的现象，家长首先应肯定孩子，给予适当鼓励，同时顺势进行积极引导，正面回答孩子提出的问题，并利用业余时间带孩

子到小学参观，或者借助图片、视频、图书等材料向孩子介绍小学，让孩子做好积极的心理准备。对于案例2中的丫丫，家长首先应调整自己的情绪，避免将自己的焦虑传递给孩子，同时家长应正确认识入学准备的内容，采取适宜的教育方法，和孩子共同制订计划，做好入学的各项准备，切勿盲目减少孩子自由游戏的时间。

一、家长自身要对幼小衔接有正确的认识

一是家长要认识到幼小衔接是实现幼儿园与小学两个阶段平稳过渡的必要的辅助教育。幼儿园时期主要是以游戏和能力发展为主的教育方式，大多是以活动、游戏的方式进行的，而小学教育主要是以正规课业和静态知识学习为主的教育，两种教育方式截然不同。如果幼小衔接这个环节做好了，孩子就会很快适应小学生活，无论对孩子的生理、心理，还是自理能力，都会有很大的帮助，孩子也更容易产生自信并喜欢上小学生活。

二是家长要认识到幼小衔接是兴趣、习惯、能力的综合培养。在幼儿园里，孩子过的是一种被照顾的集体生活，事事都要教师提醒，吃饭、午睡、游戏等都需要老师看护。但进入小学后，无论是学习上还是生活上，都需要孩子独立自主地完成，因此，孩子应具备更强的独立性和自理能力。在幼儿园，由教师引导孩子与同伴游戏，小学的活动形式更加多样化，社交范围也逐渐扩大，这就需要孩子具备较强的社会交往能力。此外，还应注重激发孩子的学习兴趣，引发其对知识的好奇心，培养孩子积极主动的学习态度，养成良好的学习习惯，并树立克服困难的勇气等。

三是家长要认识到幼小衔接不能只依赖社会培训机构。幼小衔接的内容是多方面的，幼小衔接的教育也是来自多方面的。有些家长对幼小衔接存在理解偏差，往往热衷于寻找一些有名的幼小衔接教育机构、学前班等，而忽略了自身和家庭在幼小衔接中应该发挥的关键性作用。

二、让孩子做好上学前的心理准备

良好的心理准备对于幼儿入学后的顺利过渡有着积极的作用。家长应积极引导孩子做好心理准备，激发孩子上小学的积极情感，让孩子期待成为一名小学生，享受成为小学生的乐趣。家长应该细心体察孩子的情绪和心态，和孩子一起以满腔热情来迎接他们的新生活。比如，父母一起故意用羡慕的口吻对孩子说"宝贝长大了，真了不起，马上就要成为一名小学生了"，让孩子产生当小学生的光荣感、自豪感。同时，要有意识地引导和鼓励孩子：小学生活多么有趣和充实，还可能要带上神圣的红领巾呢！家长还可利用节假日或散步的机会，带着孩子到附近的小学校园转一转，帮助孩子熟悉环境，并顺势引导孩子对小学产生渴望的情感。再如，当孩子拿着书，缠着你讲故事时，你乘机告诉他"等你上学了，自己就能读故事了。到那时，你就可以当爸爸妈妈的老师，可以讲故事给爸爸妈妈听了"，以此来培养孩子对学校的向往之情和渴望获得知识的热情。此外，家长可以让孩子接触身边的小学生，了解小学生的课堂、作业、考试等情况，从而使其有足够的心理准备适应小学的学习与生活。

三、帮助孩子做好体能上的准备

良好的健康状况和身体素质是学习的基础。与幼儿园相比，小学生学习、生活的节奏较快，学习任务也比幼儿园的更为繁重。这些变化都需要小学生有健康的身体、强壮的体魄、抵抗疾病的能力、较强的手眼协调能力和运动能力，这样才能有足够的精力投入小学的学习与生活，应对学习压力。因此，家长可以多带孩子参加户外活动，如爬山、跳绳、打球、骑车等。体能上的准备不仅仅是为了拥有好身体，孩子参加体育活动也是一种学习。以拍球为例，孩子由不熟练地拍球到自如地拍球，需要观察同伴与自己的动作，需要感知和体验自己拍球的动作与球的运动速度、方向之间的关系，需要学习控制自己的手部动作，需要克服困难。也许孩子还会开心地数着自己拍球的数量。孩子的坚持性、观察力、集中注意力、兴趣等品质也在不知不觉中初步形成。

四、培养孩子的任务意识及完成任务的能力

入小学后学习就成为必须完成的任务，孩子可能一时难以确立这样的任务意识。因此，要让孩子明确任务的概念，激发孩子完成任务的信心，在日常生活中培养孩子的任务意识。由于幼儿园采用以游戏为主、保教合一的教学方式，孩子还感受不到因缺乏完成任务的基本能力而产生的困扰。而到了小学一年级，环境、老师的改变，特别是小学以授课为主的教学形式，才使这些无完成任务基本能力的孩子产生了危机感。有的孩子上学后，不会自己管理学习用品，甚至不会记作业，这就是因为他一直习惯

于一切都有人操心、代劳，还没意识到学习是他自己的事，是每个小学生必须完成的任务。所以，入学前家长必须帮助孩子树立任务意识，让孩子认识到自己有能力做事。平时，家长可以经常给孩子布置一些他们力所能及的任务，并鼓励督促他们按时完成，如扫地、整理衣柜、收拾碗筷、购买简单的物品等，让孩子从开始的被动接受任务逐渐过渡到主动完成任务，让孩子知道，不是爸爸妈妈让我做这件事，而是我长大了，我应该做这些事。在日常生活的各种事情中，培养孩子完成任务的责任感，为进入小学做好准备。

五、做好孩子生活自理能力的准备

锻炼孩子的生活技能，目的是让孩子逐渐学会管理自己，以便进入小学后能忙而不乱、有条不紊地生活。在幼儿园，对于一日生活的各个环节，如上厕所、喝水、整理物品等，教师往往都会提醒，甚至统一组织或安排。进入小学后，学习的模式成为课堂教育，课间休息是充分自由的，要自己整理书包，自己喝水，自己上厕所，自己的事情自己做，遇到困难和问题要自己想办法解决。学习生活不能再完全依靠家长和老师，而是要慢慢地学会自己生活、学习和劳动。孩子不仅要尽快适应新的学习要求，还要能独立解决原来由幼儿园老师帮助解决的许多日常生活问题。因此，在升入小学前关注孩子自理能力的发展，养成良好的生活习惯，是孩子完成学习任务的必要前提。家长要让孩子学会自我管理，除了会自己吃饭、穿衣、睡觉外，还要学会根据天气的变化增减衣服，管理好自己的物品，有事大胆地说，懂得讲卫生和注意保护自己等,特别要培养孩子的时间观念,有良好的作息习惯,做事干净利落、不拖拉。由于幼儿园的作息时间与小学的有差异,家长可以尝试从暑假开始逐步调整作息时间,做到早睡早起,减少午间休息时间。同时,培养孩子晚上独立完成一些学习任务,如看图书、讲故事、做手工等,这样,等孩子入学后,他就会比较自然地习惯于晚上做力所能及的家庭作业。

六、培养孩子的交往能力

进入小学就进入了一个新的交际圈,人际交往能力自然就显得重要起来。通常,一个善于表达的人容易获得别人的肯定,自然就获得了充分的自信。交往能力强的幼儿能较快适应新的环境,融入新的集体。孩子从幼儿园到小学,面临着新的伙伴,要使孩子顺利过渡,处理好与新伙伴的关系很重要。因此,在幼儿园阶段就要积极地培养孩子的交往能力,如学会请求、商量、分享、同情、控制自己的情绪等。研究发现,没有朋友比没有好成绩更糟糕,被同学拒绝的孩子容易出现自卑、退缩、攻击等问题,同时学习成绩也会更差。首先,家长可鼓励孩子主动结交新朋友,尤其是同住一个小区的、即将和自己去同一小学学习的小伙伴,设法让他们认识,并约好开学第一天一同上学。有了熟悉的朋友,孩子对小学生活会感到安全而不陌生。同时,带孩子外出玩耍时,鼓励孩子大胆主动地结交新伙伴。其次,鼓励孩子邀请朋友来家里做客,或者去别的小朋友家玩,给孩子创造更多和不同年龄的孩子接触的机会。另外,当孩子之间发生冲突时,家长不要充当调解员,鼓励他们自己解决,还可以教孩子一些解决纠纷的方法,因为同伴冲突的解决过程就是孩子成长的过程。

七、帮助孩子做好物质准备

(一)在家庭中布置学习的环境

在家里,为孩子创设一个相对固定的、安静的区域用来学习,可为孩子布置专属的房间。家长应与孩子一同策划、设计装饰这个区域或房间,激发孩子的主人翁意识。为孩子提供合适的桌椅、书架,以及台灯、闹钟、书包、文具等,让孩子拥有一个属于自己的学习天地,并做到自己收拾管理,使孩子喜欢并珍惜这个小天地。

(二)做好入学的物质准备

在将要开学的暑假,家长可与孩子一起准备学习用品,让孩子体验成为小学生的快乐,并且明确上学是孩子自己的事情。用品要根据孩子的年龄特点选择,要保证其使用起来安全方便又不影响孩子的生长发育。既不能购买一些多功能、玩具化的学习用品,以防分散孩子的注意力,也不能盲目地追求名牌、相互攀比。

基本学习用品:双肩书包、垫板、笔袋、木质铅笔、塑料直尺、橡皮、文件袋(用于放练习卷或练习本)等。这些基本学习用品,一般每天上学都要携带。特殊学习用品:卷笔刀、剪刀、固体胶、记号笔(粗细各一支)、油画棒一盒、水彩笔一盒(颜色无须太多,体积不宜过大)。这些学习用品,可以根据每天课程表的安排携带。生活用品方面,可以为孩子准备一块小抹布、一个密封好的水杯、一小包纸巾、湿巾。给孩子准备适合的运动服和运动鞋。

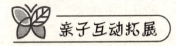
亲子互动拓展

一、模拟常规训练

在家中，为孩子准备独立的书桌，进行常规的模拟训练。将放有孩子书桌的房间当作小学的教室，模拟上学、上课的情景。玩法是：孩子带齐学习用品，准时到校；听到铃声响走进课堂，坐在自己的位子上，把书包放进课桌里；老师来到教室时，起立向老师问好；训练"坐姿要端正，发言要举手"等一整套的学习程序。起初，家长可扮演小学生为孩子提供完整的示范，待孩子熟悉之后，家长扮演老师，孩子扮演一名正式的小学生，反复训练，从而逐渐形成习惯。

二、角色转变的演练

对孩子的称谓上，在家庭中称作"孩子"，在幼儿园里叫"小朋友"，而在小学中，老师和学生都要称呼"某某同学"。在家庭中，家长可对孩子进行角色演练。家庭成员都要称孩子为某某同学，这样来启发孩子入学后作为学生的角色意识，并可常对孩子讲："上了学你就是一名学生了，就要遵守学校纪律，和同学团结友爱，尊敬老师，爱惜公物等，这些都是学生要做到的。"

三、绘本阅读

绘本《小阿力的大学校》《我要上学啦!》讲的都是即将要上小学的孩子,对小学充满了期待,也怀有一些担忧。第一天上学后,孩子发现小学和幼儿园有太多的不一样,但却是一个很有趣的地方。家长可引导孩子自主阅读,或与孩子共读。阅读之后,家长引导孩子说说自己的感受,围绕"你觉得小学是个什么样的地方""你愿意上小学吗""为什么"等问题,与孩子进行交流。通过阅读绘本、聊绘本,让孩子体会主人公的心情,以及其情感变化,激发孩子爱上学的意愿,有助于孩子做好上小学的心理准备。

图书:

1. 6岁入学期,陪孩子做好幼小衔接. 马利琴著.
2. 欢迎来到一年级:幼小衔接家长手册. 卓立著.
3. 陪孩子一起幼小衔接. 付小平著.
4. 家长手册:幼小衔接你准备好了吗. 郑懿著.
5. 孩子上小学了,妈妈怎么教. [韩]李谞昀著. 邢青青译.

电影:

《小孩不笨》

参考文献

[1] 尼尔森.正面管教[M].玉冰,译.北京:北京联合出版公司,2016.

[2] 蒙台梭利.童年的秘密[M].马荣根,译.北京:人民教育出版社,2005.

[3] 蒙台梭利.有吸收力的心灵[M].郭志鹏,译.天津:天津社会科学院出版社,2010.

[4] 蒙台梭利,朱永新.蒙台梭利教育箴言[M].北京:中国人民大学出版社,2016.

[5] 苏霍姆林斯基,朱永新.苏霍姆林斯基教育箴言[M].北京:教育科学出版社,2015.

[6] 陈帼眉,冯晓霞,庞丽娟.学前儿童发展心理学[M].北京:北京师范大学出版社,2013.

[7] 高闰青.为孩子的成长打好底色[M].北京:清华大学出版社,2018.

[8] 高闰青.学前教育学[M].郑州:河南科学技术出版社,2020.

[9] 李季湄,冯晓霞.3-6岁儿童学习与发展指南解读[M].北京:人民教育出版社,2013.

[10] 廖佳玲.童年保卫战[M].北京:企业管理出版社,2012.

[11] 小巫.给孩子自由[M].北京：民主与建设出版社，2008.

[12] 尹建莉.最美的教育最简单[M].北京：作家出版社，2017.

[13] 云香.孩子的成长，妈妈的修行[M].北京：北京理工大学出版社，2015.

[14] 陈惠惠.试析幼儿的逆反心理及家庭教育对策[J].教育导刊（下半月），2016（6）：85-88.

[15] 程琳琳，邹晓燕.幼儿同伴冲突类型及教师解决策略[J].教育导刊（下半月），2017（9）：46-49.

[16] 房欲飞.培养孩子的专注力[J].启蒙（3-7），2011（11）：24-25.

[17] 房欲飞.我的孩子为何不爱看书[J].早期教育（家教版），2014（9）：24-25.

[18] 龚燕，刘娟.幼儿规则意识与行为的培养[J].学前教育研究，2009（1）：69-71.

[19] 兰晓雁.培养规则意识，塑造优秀宝宝[J].启蒙（3-7），2008（1）：32-33.

[20] 刘云艳.好奇心的实质与教师的支持性策略[J].学前教育研究，2006（2）：14-16.

[21] 钱蕾.家园携手，正确处理幼儿的逆反心理[J].好家长，2017（45）：82-83.

[22] 沙晓慧.注重日常细节，培养幼儿专注力[J].早期教育（家教版），2016（4）：29.

[23] 申乃林，涂筱杨.儿童破坏性行为原因及对策[J].山东教

育（幼教刊），2004（9）：51.

[24] 王海凤.家庭中幼儿规则教育的几种误区[J].教育导刊，2008（1）：58-59.

[25] 王练.论幼儿同伴冲突及教育[J].中华女子学院学报，2008（3）：91-94.

[26] 夏君.幼儿破坏性行为的分析与纠正[J].当代学前教育，2014（2）：46-48.

[27] 杨文.当前幼小衔接存在的问题及其解决对策[J].学前教育研究，2013（8）：61-63.

[28] 杨丽娟.多元互动让孩子爱上阅读[J].教育导刊（下半月），2010（10）：82-84.

[29] 杨珍.阅读敏感期，培养孩子爱看书的最佳时机[J].家庭教育（幼儿家长），2009（5）：26-27.

[30] 袁沙.规则与自由如何平衡[J].幼儿100（教师版），2014（9）：36-37.

[31] 张良科.培养孩子的专注力：推荐《父亲的影响力》[J].少年儿童研究，2005（5）：55-57.

[32] 张燕子.开启亲子共读的快乐之旅[J].早期教育（家教版），2017（Z1）：23-25.

后记

  编著积极教育家长课堂丛书的初心，源于第四届中国国际积极心理学大会。2017年8月，我们首期参加清华大学社会科学学院积极心理学指导师认证班的同学们到深圳进行论文答辩，同时参加了第四届中国国际积极心理学大会。参会期间，我看到了由清华大学社会科学学院院长彭凯平教授任主编、我们首期积极心理学指导师认证班班长伊雄任副主编、认证班同学积极参与出版的积极心理进步实践课堂丛书的样书，当时我深受启发。这是一套以积极心理学为指导、探索青少年进步实践之路的丛书。我非常热爱家庭教育，十余年来一直专注于家庭教育指导的学习研究和实践，本次积极心理学指导师认证答辩的论文《清华大学积极教育6+2理论在家庭教育中的应用》，也是家庭教育方向，是在清华大学积极心理学研究中心积极教育课题组组长曾光博士的指导下，我用了半年时间撰写和几次修改完成的。

  我想，在目前很多学校都在推广积极心理学，实施积极教育的当下，孩子的教育不仅需要学校的老师懂得和运用积极教育的理论和方法，更需要家长懂得积极教育，需要家长在家庭教育中，运用积极教育的理念和方法，在孩子的成长过程中多关注孩子的品格优势和幸福能力的培养，让孩子有更多的积极情绪，与孩子建立积极的亲子关系，培养孩子健全的人格，帮孩子建构积极自我。只有家、校、社共育，才能有利于养育积极、阳光、身心健康的孩子。我的这一设想得到了曾光博士的大力支持和几位同学的积极响应。因此，我当即下定决心，和几位热爱家庭教育、对家庭教育有丰富的研究和实践经验的认证班的同学一起编写一套积极教育家长课堂丛书。

随后，我们首届清华大学社会科学学院积极心理学指导师认证班的同学再聚清华大学心理系，参加结业典礼。在参加结业典礼时，我们汇报了自己的学习体会和收获，也再次见到了多次为我们积极心理学指导师认证班授课的清华大学社会科学学院院长、心理系主任彭凯平教授。彭教授是享誉世界的心理学家，是在中国推广和普及积极心理学的领军人物。课堂上，他以国际化的视野，旁征博引，神采飞扬，激情投入；课下，他亲切随和，耐心地为我们解疑释惑，深受同学们的爱戴。每次听他讲课，同学们都能感受到澎湃的福流。结业典礼后，我又专门向彭教授汇报了我们认证班的几个同学筹备编著积极教育家长课堂丛书的想法。彭教授听了我们的编写方案，非常赞同，当即表示将大力支持我们，做我们的学术支持和后盾。彭教授的支持，给予了我们极大的鼓励。之后，我联系认证班同学中的迟少丽教授、胡翔教授、出版过家庭教育专著的向苏老师、时任清华附小CBD校区校长的付雪松等对家庭教育有丰富的研究和实践经验的专家和老师，按每个人所熟悉和擅长的领域，分头编著这套按年龄段划分的积极教育家长课堂丛书。

在编写这套丛书的过程中，为加强编写小组的力量，2018年，在征得编写小组的同意后，我邀请了国务院津贴专家、教育学博士高闰青教授、"中国青少年心理成长杰出贡献奖"获得者、中国教育发展战略学会心理教育专业委员会常务副理事长陈虹教授,几位具有丰富教学和实践经验的高校教育学和心理学教师——潘子彦、张燕子、王国防、刘利敏、黄俊、郝钧倩,以及有着丰富的中小学教学和家庭教育个案指导经验的焦作市青少年心理健康名师工作室的温书臣老师、时任山阳区教育局副局长邓赟等加入了编写小组,分别进行八本书的编写工作。本书《真懂孩子,积极养育:学前》是丛书中的一本。

　　编写这套丛书的第二个缘由是我在家庭教育指导和心理咨询个案中受到的触动。我在高校做行政管理工作,并担任高校的兼职心理咨询师,为大学生做心理疏导。2020年以来,我又作为中国科学院心理研究所心理援助热线和清华幸福公益常态化心理援助热线的志愿者,利用晚上和节假日接听或接访了500多个来电或来访个案,据不完全统计,这些个案的求助原因中,学习和职场压力、婚恋烦恼、人际关系焦虑和个人成长困惑方面的问题占80%以上,而造成其心理困惑的原因,80%以上源自求助者的成长经历、原生家庭的影响或家长不当的养育方式。每次填写咨询记录时,我都不由得想到:又是一起由父母不当的教育方式而引起的焦虑、抑郁等心理疾病和社会适应问题,又是一起由于家庭教育和成长环境的不良影响而引起的孩子对婚恋的困惑和恐惧。当下,我们的教育者怎样才能避免这些问题的发生?不能等心理问题出现了,才去帮助他们,我们怎么才能预防?而要预防心理疾病的发生,培养孩子健全的人格,让孩子更好地健康快乐成长的最重要因素就在于父母是否对孩子进行了科学的养育和良好的心理抚养，是否给了孩子足够的爱和安全感。因此，编写一套基于心理学和积极教育原理，让年轻父母容易操作的育儿丛书，就显得愈加重要。也正是这个初衷，让我和编写小组的各位老师和朋友们一起克服了种种困难，顺利完成了这项工作。

在丛书的编写过程中，曾光博士给了我们很多积极的建议和支持，他为丛书的初稿进行了修改，并为丛书撰写了序言。三年来，我和高闰青教授一起，组织编写小组的主要成员：张燕子、潘子彦、迟少丽、王国防、胡翔、付雪松、刘利敏、黄俊、向苏、郝均倩、温书臣、邓赟等心理学和教育学专家和老师，共同对丛书的写作体例和大纲进行了多次推敲和修改。十几位编写小组的成员大都是教学一线的老师，有丰富的教学和家庭教育个案指导经验。大家一起集思广益，从教育学、心理学、积极教育等方面，进行理论的探讨和思想的碰撞。三年来，大家有时趁着星期天，有时在下班后的傍晚，有时在寒假里冒雪在教室相聚，对书稿进行了线下和线上二十多次的反复修改；更令我们高兴的是，彭凯平教授也在百忙之中为我们的书撰写了推荐序，对这本书的出版给予了大力的支持和鼓励！此外，我们认证班的其他同学也积极参与到丛书的讨论和修改完善中，对积极教育案例和解决方法提出了宝贵的意见，为封面设计出谋划策。因此，这套积极教育家长课堂丛书，既是我们认证班同学、高校教师和心理学专家、一线教育工作者践行积极教育的丰硕成果，也是我们首期积极心理学指导师认证班同学集体智慧的结晶。

最后，再次衷心地感谢彭凯平教授的大力支持，感谢曾光博士的悉心指导和带领，感谢编写小组的伙伴们一次次认真的讨论和精心的修改，感谢清华大学出版社张立红老师的精心统稿，感谢所有为这套丛书的出版给予帮助和支持的各位专家、老师和朋友们，让我们能把这套书奉献给各位家长和热爱家庭教育的朋友们。我们希望更多的家庭和孩子因为积极教育而受益，让积极教育的光照进更多的家庭，照亮更多孩子成长的路；让掌握积极教育智慧的家长远离育儿的焦虑和教育内卷的漩涡，享受陪孩子健康快乐成长的喜悦和过程；让教育更美好，让家庭更幸福，让更多的孩子拥有蓬勃丰盈的美好人生！

宋　萍

中国家庭教育学会家校社共育专委会理事

清华大学社科学院认证积极心理学指导师

国家二级心理咨询师、高级家庭教育指导师

河南省妇联"家庭教育暖心公益行动"服务团成员

"清华幸福公益常态化"心理援助热线志愿者